Zeugen des Jahrhunderts

Erwin Strittmatter
Nur, was ich weiß und fühle

Erwin Strittmatter

Nur, was ich weiß und fühle

Gespräch mit Alexander U. Martens
in der Reihe
»Zeugen des Jahrhunderts«

herausgegeben von Ingo Hermann

Lamuv

Redaktion:
Leonore Frester
Eva Strittmatter

Bitte fordern Sie unser kostenloses Gesamtverzeichnis an:
Lamuv Verlag, Postfach 2605, D-37016 Göttingen

1. Auflage Dezember 1994
2. Auflage Februar 1995
© Copyright Lamuv Verlag GmbH, Göttingen 1994
Alle Rechte vorbehalten

Umschlaggestaltung: Gerhard Steidl
unter Verwendung eines dpa-Fotos
Gesamtherstellung: Steidl, Göttingen
Printed in Germany
ISBN 3-88977-395-8

Inhaltsverzeichnis

Nur, was ich weiß und fühle

Das Gespräch wurde am 1. und 2. Oktober 1993
in Dollgow aufgezeichnet

Poet, nicht Politiker

Herr Strittmatter, Bertolt Brecht hat einmal über Sie gesagt: »Ohne die DDR wäre er nicht nur nicht der Schriftsteller geworden, der er ist, sondern vermutlich überhaupt kein Schriftsteller.« Und in einer DDR-Literaturgeschichte habe ich folgende Worte von Ihnen gelesen: »Ohne die DDR wäre ich nicht, was ich bin, wüßte ich nicht, was ich weiß, könnte ich meine künftigen Bücher nicht schreiben.« Ist das wirklich eine gültige Interpretation für den Schriftsteller Strittmatter?

Die Bemerkung von Brecht muß ich widerlegen. Die ist gemacht worden ohne mein Wissen, als ich den ersten Nationalpreis kriegen sollte. Brecht konnte nicht wissen, wieviel ich damals schon geschrieben hatte und daß schon zwei Überseekoffer voll Manuskripte bei mir hier in der Laube standen.

Die andere Bemerkung habe ich gemacht, ich habe das immer wieder betont, als ich eine Zeitlang versucht habe, vom Sozialismus begeistert zu sein, ohne daß ich ein Politiker bin. Ich habe mich dazu gezwungen, politisch zu sein. In Wirklichkeit bin ich immer ein Poet gewesen.

Wir sollten unser Gespräch sicherlich nicht nur auf den Zeitraum DDR beschränken, auch wenn es vierzig Jahre sind.

1913

Sie sind 1912 geboren, also eigentlich noch im Kaiserreich, und haben die Kindheit in der Lausitz verbracht. Ihr Geburtsort ist, glaube ich, Spremberg oder ein Dorf in der Nähe von Spremberg.

Nein, ich bin in Spremberg geboren, aber aufgewachsen in einem Dorf bei Spremberg.

Ihr Vater war Bäcker, sozusagen ein eigenständiger Unternehmer?

Nicht gleich.

Aber jedenfalls auch, um noch einmal auf Bert Brecht zu kommen, der Beweis dafür, daß Sie ja nicht aus dem Proletariat aufgestiegen seien, das heißt, Sie haben keinen proletarischen Hintergrund. Darf man das so sagen?

Das kann man so auch nicht sagen, denn ich habe später in Fabriken gearbeitet und war durchaus ein Proletarier, wenn wir schon darauf Wert legen. Bei den Nazis wollte man immer den Ariernachweis erbringen und bei den Sozialisten den proletarischen Nachweis. Das war sehr wichtig, daß man eine proletarische Großmutter hatte oder selber Proletarier war. Dann galt man mehr.

Sie haben ja eine ganze Reihe von Berufen ausgeübt, bevor Sie später Schriftsteller wurden. Sie waren Bäcker, Kellner, Tierwärter, Chauffeur. Woher

kommt das? Konnten Sie sich nie für einen Beruf ent-
scheiden, ließ man Ihnen nicht die Möglichkeit, oder
haben Sie einfach gesucht und gesagt, irgendwann
weiß ich, was ich will?

Ich habe eigentlich sehr zeitig gewußt, was ich will,
und immer dahin gestrebt, einmal Schriftsteller zu
werden. Und meine erste Geschichte habe ich schon
mit dreizehn Jahren geschrieben, die ist auch veröffentlicht worden.

In einer Schülerzeitschrift.

Ja. Aber wenn ich mein Leben jetzt zurückverfolge,
dann bin ich eigentlich einer, der sich zeitlebens entschuldigen mußte für irgend etwas. Ich war der einzige in unserer Familie, der darauf gedrängt hat, auf
eine höhere Schule zu gehen. Das wurde mir natürlich in der Familie immer vorgehalten. Zu welchem
Zweck denn, ob das auch was taugt, und ich mußte
mich wohlverhalten.
    Dann war ich bei der Sozialistischen Arbeiter-
jugend. Und als die Nazi-Zeit kam, hat man mir vorgeworfen, daß ich als Sozialdemokrat, damals nann-
ten sie die alle Bonzen, also in der Systemzeit, den
Versailler Vertrag, die Abtretung der polnischen Ge-
biete zugelassen hatte. Also alles das wurde uns, den
Sozialdemokraten, in die Schuhe geschoben.
    Dann kamen die Russen und haben mir vorge-
worfen, ich habe die Nazis nicht verhindert. Also,
wie konnte ich? Und jetzt ist es wieder so weit, daß

Mit Mutter und Schwester Magy (um 1915)

meine eigenen Landsleute von der anderen Seite kommen und mich beschuldigen, daß ich mich erneut daneben benommen habe, politisch. Es kann sein, daß man vielleicht in drei, vier oder fünf Jahren kommt und mich wieder beschuldigt: Du bist doch dagewesen, als der Golfkrieg angezettelt wurde, du bist doch dagewesen, als die Kämpfe in Afrika ausgebrochen sind. Warum hast du es nicht verhindert? Und so bleibt es mein ganzes Leben lang. Ich sehe das nicht ein.

Sozialdemokratisch getauft

Unser Gespräch heute soll in keiner Weise und an keiner Stelle dem Zweck dienen, daß Sie meinen, sich für irgend etwas entschuldigen zu müssen. Aber lassen Sie uns, wenn es Ihnen recht ist, noch ein bißchen in Ihrer Jugend bleiben. Sie haben vorhin gesagt, Sie waren nie ein politischer, sondern eher ein poetischer Mensch. Aber trotzdem haben Sie ja auch in Ihrer Jugend politisches Engagement gezeigt, sonst wären Sie ja nicht der Sozialistischen Arbeiterjugend beigetreten, auch wenn es der Umweg »Naturfreunde« war.

Ja, aber dazu muß ich sagen, daß unser ganzes Dorf aus Sozialdemokraten bestand. Es gab nur drei Kommunisten, immer mal wechselnd. Ich bin sozusagen sozialdemokratisch getauft. Und wie das so ist: Wenn man in einer sozialdemokratischen Familie aufwächst, und die Bergarbeiter im Laden verkehren und nur über Sozialdemokratie reden, rutscht man ganz unbewußt mit hinein.

Man sollte vielleicht an der Stelle dazusagen, daß man gerade über diese Zeit in Ihrem Roman »Der Laden« Teil I sehr gut nachlesen kann, so wie man ja vieles aus Ihrem Leben, auch wenn Sie sich nicht selbst beim Namen nennen, in Ihren Romanen nachvollziehen kann.

Ja, ein großer Teil meines Lebens, meiner Biographie, steckt in meiner Literatur, natürlich nicht »blank« und naturalistisch, sondern poetisiert. Wenn es sich um Romane handelt, muß man auch schneidern.

Ich meine mich zu erinnern, daß Sie der Literaturkritik in DDR-Zeiten immer verübelt haben, daß die gar nicht gemerkt hat, daß Sie mit Ihrer literarischen Arbeit eigentlich auch Ihr Leben preisgeben?

Ja, aber das kann man nicht nur der Kritik in der DDR nachsagen, sondern der Kritik im allgemeinen. Da muß man schon großes Glück haben, wenn man auf einen Kritiker trifft, der wirklich das erspürt und erfühlt, was man wollte.

Als Schulanfänger in Graustein 1919

Wenn es Ihnen recht ist, reden wir über Ihre Auffassung, Ihre Wünsche an die Literaturkritik vielleicht später. Ich würde gern noch ein bißchen in Ihrer Jugend bleiben. Wie erinnern Sie sich an die Kaiserzeit, an die Weimarer Republik? Was ist nach mehr als 60 Jahren bei Ihnen noch lebendig?

Ich muß eigentlich sagen, ich habe das auch in meinem letzten Roman geschrieben, seit Jahrhunderten versuchen die Menschen reibungslos in der Gesellschaft zu leben. Sie haben es nie geschafft, aber sie versuchen es immer wieder. Und ich bin jetzt an einem Punkt, wo ich glaube, daß sich die gesellschaftlichen Verhältnisse in etwa wiederholen.

So, wie sie sich eigentlich in der ganzen Geschichte immer wiederholt haben?

Na, nicht identisch, aber doch in etwa. Nun, 1919 kam mein Vater aus dem Krieg. Ich weiß noch wie heute – er kam natürlich als Sozialdemokrat aus dem Krieg –, wie meine Mutter am 1. Mai unsere Brote in Wassereimer getaucht hat, anschließend Zucker draufstreute und zu meinem Vater sagte: »So, das ist nun Sozialdemokratens Auferstehung.« Das war der 1. Mai. Meine Mutter war stets apolitisch, während mein Vater sich eingebildet hat, politisch zu sein.

Dann kam die Weimarer Republik.

Ja. Ich bin in die Schule gegangen, in eine Dorf-
schule, bis zu meinem elften Lebensjahr. Aber dort
hat sich nach drei, vier Jahren alles wiederholt, und
das war mir einfach zu eintönig. Ich wollte mehr.
Man hat dann meinem Drängen nachgegeben, und
als ich am Gymnasium eine Freistelle erreicht hatte,
ließ man mich gehen. Damals mußte man ja noch
Schulgeld bezahlen.

Abgehauen, nicht desertiert

*Wenn wir jetzt einen Sprung machen, Sie hatten ja
das zweifelhafte Vergnügen, später mit den National-
sozialisten in eine etwas unangenehme Berührung
zu kommen. Schutzhaft hieß das. Warum das denn?*

Ja, weil ich einfach noch die sozialdemokratischen
Ansichten öffentlich vertreten habe. Und wie es auf
dem Dorf so ist, konnte man große Überraschungen
erleben. Gestern hat man noch mit einem Freund
aus der Jugendbewegung gesprochen, am nächsten
Tag sah man ihn in SA-Uniform aus dem Tor kommen. Da konnte man natürlich nicht still sein.

*Es kam der Krieg. Sie wurden sicherlich nicht frei-
willig Soldat, sondern sind eingezogen worden?*

Ja. Eigentlich war ich unabkömmlich. Ich war damals in einem chemischen Betrieb beschäftigt, in

einer Zellwollfabrik. Aber da passierte folgendes: Ein Kollege hatte etwas falsch gemacht, und der Meister hat ihm gedroht: »Also hören Sie mal, wenn Sie nicht sofort parieren, dann bringe ich Sie an die Front.« Eine solche Äußerung war streng verboten, und ich habe mich eingemischt über die sogenannte Arbeitsfront. Und wer in den Krieg gehen mußte, war ich. Nicht der andere.

Wohin wurden Sie geschickt?

Ich war an verschiedenen Stellen, in einer ganz merkwürdigen Kompanie. Wir sind ausgerückt als Radfahrer-Kompanie und zuerst nach Jugoslawien gekommen. Dort sind wir einmal mit Fahrrädern gefahren und einmal zu Fuß einmarschiert. Wir stellten also Massen dar. Dann kam ich nach Karelien. Dort waren wir für den Überfall auf Schweden vorgesehen. Die Aktion »Silberfuchs« war geplant. Das wußten wir aber damals nicht. Wir haben uns nur gewundert, was wir da sollten. Bei Kilometer 175 auf der Straße nach Rowanjemi wurden wir abgesetzt: »So, hier ist der Urwald, grabt euch ein.« Und dort haben wir gelegen. Plötzlich kriegten wir den Befehl, auf die Ägäischen Inseln zu fahren, wo damals die Italiener unter Marschall Badoglio geputscht haben. Und die Deutschen haben es übernommen, die Ägäischen Inseln zu besetzen.

Das war alles schon, wenn ich das richtig sehe, Mitte der vierziger Jahre, also gegen Ende des Krieges?

Ja, 1943.

Und Sie haben dann irgendwann gesagt, nun reicht es mir, ich verlasse die Truppe, desertieren nennt man das. Einer Ihrer Helden landet in Griechenland. Heißt das, Sie sind damals in Griechenland gewesen und dort desertiert?

Ich bin in Griechenland gewesen, und es ist auch wirklich passiert, daß ich als einziger Deutscher auf der Insel Ios war. Wir mußten die Italiener ablösen, denn die haben nicht mehr mitgemacht. Wir sind zu viert losgefahren. Die beiden Funker, die dabei waren, wurden, als sie einmal ein Stück weiter rausfuhren, von einem englischen U-Boot geschnappt und mitgenommen. Zum Schluß war ich ganz allein auf der Insel, wo Homer geboren sein soll. Darüber habe ich auch in der Geschichte »Der grüne Juni« geschrieben.

Sie sind dann wieder nach Deutschland zurückgekehrt. Sicherlich, nehme ich an, erst nach Ende des Krieges?

Nee, nee, ich bin noch während des Krieges zurückgekommen.

Wie machte man das, als Deserteur sozusagen, unentdeckt wieder in die Heimat zu schlüpfen?

Ich war ja kein Deserteur, sondern bin dort wieder abgeholt worden. Aber erst nach einer gewissen

Zeit, vorher war ich eine Zeitlang ganz allein auf dieser Insel. Dann kamen unsere Leute wieder und holten alles von den Inseln weg, weil die Engländer die Inseln einnahmen.

Also dann, muß ich bekennen, bin ich ganz offensichtlich dem Sprachgebrauch der DDR-Biographie zum Opfer gefallen, denn da wird immer gesagt: Wehrmacht, und dann desertierte er, so, als wenn gar nichts mehr gewesen wäre.

Ja, das sind dann diese Abkürzungen in Biographien.

Das halte ich natürlich schon für wichtig, um das einmal an dieser Stelle klarzumachen, daß Sie eigentlich bis zum bitteren Ende mitgemacht haben, mitmachen mußten.

Ja, erst im Januar des letzten Kriegsjahres bin ich abgehauen, das heißt, zuerst versuchsweise, weil ich mal sehen wollte, wie das klappt. Und es hat geklappt. Ich bin runter nach Böhmen. Dort hat mich eine Bauersfrau versteckt, und zwar eine von den Leuten, die nachher selber ausgewiesen wurden. Sie hat mir bis vor zwei, drei Monaten noch geschrieben, war über 90 Jahre alt. Durch sie bin ich am Leben geblieben.

Dann kam die Rückkehr nach Deutschland?

Ja.

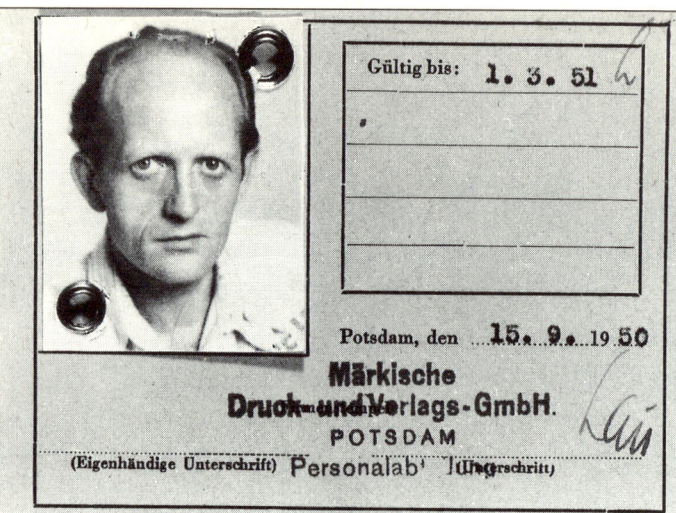

Gültig bis: **1. 3. 51**

Potsdam, den **15. 9.** 19 **50**

Märkische
Druck- und Verlags- GmbH.
POTSDAM

(Eigenhändige Unterschrift) Personalab' lung erschrift)

Zum Schriftsteller gekürt

Was hat Sie bewogen, oder haben Sie überhaupt nicht darüber nachgedacht, in die Heimat zurückzukehren, die ja immerhin schon SBZ, also sogenannte Sowjetische Besatzungszone war? Warum sind Sie nicht in die naheliegende amerikanische Besatzungszone gegangen? War das Heimatgefühl zu groß, oder haben Sie sich gesagt, wenn überhaupt was Neues, dann geht es nur mit den Kommunisten. Wie war das?

Zuerst waren in Thüringen die Amerikaner. Und in Thüringen lebte der Rest meiner ersten Familie. Ich war zwar schon geschieden, aber ich wollte nach meinen Söhnen sehen. Um sie einigermaßen ernähren zu können, habe ich mir in Saalfeld eine Stellung gesucht und in einer Gärtnerei gearbeitet. So hat sich dann eins nach dem andern entwickelt. Und auf dem Arbeitsamt dort habe ich sofort gesagt, ich wäre Schriftsteller. Da habe ich mich selbst zum Schriftsteller gekürt. Das war ja mein Wunsch während meiner ganzen Jugend, denn geschrieben habe ich immer.

Wobei zum Schriftsteller erst einmal der Umweg über den Journalisten führte. Sie waren Volkskorrespondent, so hieß das damals, Sie waren Lokalredakteur.

Ja, bei der »Märkischen Volksstimme«, die heute »Märkische Allgemeine Zeitung« heißt.

Wenn man nicht nur liest, was Sie geschrieben haben, sondern auch weiß, wie Sie reden, dann spürt man immer noch eine unglaubliche Verbundenheit mit Ihrer ursprünglichen Heimat, der Niederlausitz. Es gehört ja auch zu Ihrem kulturellen Erbe, daß Sie versuchen, die sorbische Sprache zu erhalten und mit in die Literatur einzubringen. Warum sind Sie nie in die Niederlausitz, sondern hier in die Mark Brandenburg, in die Nähe von Potsdam gezogen. Hat das einen Grund?

Ich bin ja mit einem meiner Söhne nach Hause, in die Niederlausitz, zurückgekehrt. Den anderen Sohn hat meine Frau behalten. Damals war es ja noch so, es wurde schuldig und nichtschuldig geschieden. Meine Frau war schuldig geschieden, durfte eigentlich die Kinder überhaupt nicht haben. Aber sie hat gebettelt und gebettelt – es handelte sich um den ältesten Sohn –, da habe ich gesagt, bitte, und bin mit meinem zweiten Sohn in meine Heimat gegangen. Auch, weil meine Mutter mir gesagt oder geschrieben hat: »Komm nach Hause, komm nach Hause, erstens fehlt ein Geselle in der Backstube, und zweitens wird hier Land verteilt.« Und da ich immer mit ein wenig Land geliebäugelt habe, Sie sehen das ja hier in Schulzenhof, oder wenigstens mit einem großen Garten, hat mich das bewogen, nach Hause zu gehen. Aber das war natürlich ein Mißgriff.

Es kann nicht sehr lange gewesen sein, denn, jetzt greife ich ein wenig vor, als Sie mit Ihrem ersten Roman, dem »Ochsenkutscher«, herauskamen, haben Sie ja irgendwann gesagt: »So, jetzt bin ich wirklich freier Schriftsteller, und jetzt lebe ich in Berlin.«

Den Roman habe ich schon geschrieben, also mindestens zu drei Viertel, ehe ich zur Zeitung ging. Damals wohnte ich ja noch in meinem Heimatdorf Bossdom/Bohsdorf.

Aber veröffentlicht wurde er erst, glaube ich, 1950 oder 1951?

Unbelastet von allen sozialistischen Theorien, die dann später dazukamen, habe ich diesen Roman geschrieben und natürlich auch damit geliebäugelt, daß ich ihn, wenn ich bei der Zeitung bin, vielleicht irgendwie unterbringen kann. Das ist tatsächlich gelungen. Er ist dort in Fortsetzung erschienen, und ich kriegte sofort Prügel, die ersten Prügel als Schriftsteller. Da hieß es gleich: Unsere Leute sprechen nicht so.

Sie haben damals schon in einer kräftigen Sprache geschrieben.

Ja, und wenn ich nicht so beharrlich gewesen wäre, hätte ich eigentlich aufhören müssen. Aber die Lust am Schreiben konnte niemand bei mir abtöten.

Aber mit dem Umzug dann – um den Faden noch ein-mal aufzunehmen – nach Berlin hat sich natürlich auch die Entfernung, zumindest die räumliche, von der niederlausitzschen Heimat ergeben.

Ja. Von zu Hause war ich inzwischen weggegangen, weil das alles nicht klappte. Und da kam dann letzt-lich mein Roman heraus. Das war eine kleine Sensa-tion damals. Es gab viel Für und Wider, bis ein Mann namens Kantorowicz[1] von der Berliner Uni, dem ich heute noch dafür danken muß, eine wirklich gute Kritik oder Besprechung, wie man es nennen soll, schrieb und darin sagte: Dieser Mann braucht sich nicht von den Großen auf die Schulter klopfen zu las-sen, er ist schon einer. Das war wahrscheinlich sehr übertrieben, denn Kantorowicz war auch ein Hahn, der sich ewig zankte. Er ging nachher auch rüber, er blieb ja nicht hier. Aber jedenfalls war dann schlag-artig alles anders. Plötzlich haben die Kreisfunktio-näre diesen Roman, den sie erst in den Boden ge-stampft und verdammt haben, auch für wichtig befunden, wie das immer so ist. Und dann kriegte ich Briefe von den älteren Schriftstellern, von Arnold Zweig zum Beispiel und anderen. Ich wußte gar nicht, wie mir geschah. Ich wußte gar nicht, ob ich danke sagen mußte.

Aber gefreut hat Sie es schon, nehme ich an?

Hat mich gefreut, ja. Und dann kam plötzlich das Angebot von Brecht.

Begegnung mit Brecht

Sie haben damals, wenn ich es recht weiß, an einem Wettbewerb der »Jungen Welt« oder der Jugendorganisation teilgenommen, ein Theaterstück zu machen. Das fiel durch, aus irgendwelchen Gründen. Brecht hat davon erfahren und hat sich den Text kommen lassen. Dann sagte er: »Mit dem Mann muß man was machen.« Stimmt das so ungefähr?

Na, nicht ganz. Brecht hatte meinen Roman gelesen. Er las nie mehr als zehn Seiten von jedem Buch, dafür war er bekannt. Und er hat gemeint, so ein Mann, der solche Dialoge schreibt, müßte eigentlich auch fürs Theater schreiben können.

Dann hörte er von diesem mißlungenen Theaterstück, das durchgefallen war, auch schon aus politischen Gründen, und schrieb mir, ich möchte ihm den Text doch mal zeigen.

Es handelte sich um das Stück »Katzgraben«, das 1952 oder 1953 dann bei Brecht in seinem Ensemble uraufgeführt worden ist. Dadurch kam es natürlich zu einer engen Zusammenarbeit zwischen Brecht und Ihnen oder Ihnen und Brecht, und ich glaube auch, ein bißchen zu einer Desillusionierung, was die Person Brecht anging.

Ja, Brecht war damals auf dem Höhepunkt seines Ruhms, jedenfalls hier, im Westen nicht.

Im Westen durfte er zu dieser Zeit noch gar nicht ge-spielt werden.

Und hier gab es diese Differenz zwischen Ostemigranten und Westemigranten. Die Ostemigranten haben nicht gern was gelten lassen, was ein Westemigrant geschrieben hat. Damals dachte ich immer, mein Gott, bloß gut, daß du nicht in der Emigration warst. Denn was sich jetzt hier abspielt, ist ja furchtbar.

Wobei wir vielleicht an dieser Stelle auch einmal festhalten sollten, daß Sie zumindest in der Zeit, glaube ich, überhaupt der einzige deutsche, ostdeutsche Schriftsteller waren, der sozusagen aus dem Lande hochgekommen war und in der Tat nicht aus Emigration. Da gab es eigentlich neben Ihnen niemand, außer den großen, alten Emigranten.

Ja, ich glaube, so ist es. Ich kann das jetzt nicht rekonstruieren. Es gab natürlich schon junge Schriftsteller, aber einer, der von sich reden machte, war ich damals.

Ich will jetzt nicht von Brecht ablenken, bei dem sollten wir vielleicht noch ein bißchen bleiben.

Tja, das ist so: Es gibt Leute, die wollen gesehen werden und sich schmücken, indem sie über berühmte Leute berichten, mit denen sie zu tun hatten. Aber zu denen möchte ich nicht gern gehören. Ich habe über das, was ich über Brecht weiß und wußte, und das tue ich heute noch, meine kritischen, aber auch meine bewundernden Bemerkungen gemacht.

Ich weiß nicht, was es soll, wenn ich jetzt wieder mit Brecht anfange. Ich war bei Brecht, wir haben so und so viele Jahre zusammen gearbeitet. Wir waren jede Woche mindestens einmal zusammen, ganz allein, und ich habe ihn, glaube ich, besser gekannt als manche, die über ihn große Bücher geschrieben, ihn aber nicht gesehen und nicht gekannt haben.

Ich meine mich zu erinnern, daß Sie mir einmal erzählt haben, daß Brecht ein ungeheurer Egomane war?

Ja, das ist richtig.

Ich möchte Sie bitten, auch wenn ich natürlich respektiere, daß Sie sagen, ich will mich nicht mit anderen Großen schmücken, von Ihrem gemeinsamen Erlebnis des 17. Juni 1953 zu erzählen.

Darüber habe ich ja geschrieben, und der »Spiegel« hat das damals auch aufgegriffen. Es war eine eigenartige Situation, die hat sich einfach ergeben. Es fand eine Versammlung im Berliner Ensemble, damals gehörte ich noch dazu, statt. Wir sind nach dieser Versammlung mit Brecht und einer Assistentin vorgegangen zur Straße »Unter den Linden«, auf die Höhe der sowjetischen Botschaft. Dort kamen die russischen Panzer angefahren, und die wurden mit

Steinen beworfen und angespuckt. Als der erste Panzer an uns vorbei war, da hielt Brecht die Mütze hoch und schrie: »Hurra, hurra.« Das war eine Denkwürdigkeit für mich, wie schnell man eine Masse umkrempeln kann. Erst herrschte Stille, dann fingen die Leute auch an, »Hurra« zu schreien. Ich konnte mich nicht entschließen, weil das für mich so ein preußischer Ruf war. Und dann war eigentlich der Spuk schon vorbei.

Aber ich habe das dann mehrmals erlebt. Ich bin am 17. Juni mit den Bauarbeitern marschiert, die um bessere Normen gekämpft haben, aber auch, weil mich das einfach interessiert hat. Ich hatte eine schwarze Zimmermannshose an und eine weiße Leinenmütze, die habe ich immer getragen. Und dann habe ich genau beobachtet, wann die Losungen, die gerufen wurden, nicht mehr friedfertig waren, sondern fordernd wurden, mit Parolen gegen die DDR und so weiter. Ich habe gemerkt, daß jetzt vorne neue Leute dazugestoßen waren.

Mit neuen Leuten meinen Sie, es wurde in der Tat auch Propaganda aus dem Westteil Berlins hineingebracht?

Ja, und so was ähnliches scheint mir bei den Demonstrationen in Leipzig passiert zu sein. Deswegen sage ich, das wiederholt sich immer wieder, solche Geschichten. Die Losungen waren ja in Leipzig zunächst ganz anders, und auf einmal stand da »Deutschland einig Vaterland« und so weiter. Selbst einer meiner Söhne, der Dozent in Leipzig ist, war dabei und hat gesagt: »Aber Vater, wir haben es doch selber gehört.« Ich sagte ja, ihr habt es gehört, aber ihr wißt nicht, wie das funktioniert, wenn plötzlich neue Losungen auftauchen. Und so war es, so war es da auch. Heute wird es ja schon einigermaßen zugegeben, daß es so war. Aber für mich bleibt immer das Phänomen, wie leicht Massen umzuschmeißen und in eine andere Richtung zu bringen sind, mit irgendwelchen Losungen.

Wenn Sie das heute in der Rückschau betrachten, dieser 17. Juni 1953 wurde ja zumindest in der Bundesrepublik dann zum Tag der nationalen Einheit gemacht, zu einem staatlichen Feiertag. Ist das im nachhinein gesehen nicht ohnehin eine politisch begründete Entscheidung, aber in jedem Fall eine Überhöhung eines ganz normalen Arbeitskampfes gewesen? Hatte das überhaupt diesen politischen Hintergrund, den man gern in der Bundesrepublik gesehen hätte?

Wenn es den gehabt hätte, dann hätte man ja den Tag nicht gestrichen. Oder gibt es den 17. Juni noch als Feiertag?

Den gibt es inzwischen nicht mehr, weil wir ja wohl alle sparen müssen und sowieso zu viele Feiertage haben und weil es jetzt den 3. Oktober gibt.

Einen Grund findet man immer. Ihre Frage nach dem politischen Hintergrund: Ich glaube nicht. Das ist überschätzt worden.

Nun waren Sie zu der Zeit, auch wenn Sie heute sagen, Sie seien immer ein eher poetischer denn ein politischer Mensch gewesen, politisch engagiert.

Ja.

Wurzeln in diesem Land

Sie sind 1947 in die SED eingetreten. Sie haben sich als Journalist engagiert, weil Sie geglaubt haben, es kann nicht schaden, wenn kleine Leute auch zu ein bißchen Grund und Boden kommen. Sie haben sich als Kommunalpolitiker engagiert, und ich glaube, Sie waren neben dem Journalistenberuf noch irgendwo Gemeindeamtsvorsteher für sieben Gemeinden?

Nee, das war ich vorher in einem Dorf, und zwar mehr ehrenamtlich, weil der andere krank wurde und dann starb. Erst dann bin ich zur Presse gegangen.

Sie müssen sich das so vorstellen: Die ganze Welt hat auf die Deutschen gezeigt. Und wir standen ja unter dem Kuratel der Russen, und die Russen wußten genau, wie sie das machten und wie sie uns aus-

malten, daß wir als Deutsche schwere Verbrechen in
Rußland begangen hatten.

Die wir ja in der Tat begangen haben.

Die wir begangen haben, ja, aber gleichzeitig sind
auf der russischen Seite Dinge geschehen, von
denen wir damals nichts wußten, von denen Sie drüben vielleicht auch nichts wußten. Doch Brecht zum
Beispiel, der in Amerika war und einen viel größe-
ren Überblick hatte, viel mehr Zeitungen lesen
konnte, dem nehme ich es übel, daß er nicht vorzei-
tig gesagt hat, also da war 1936 das und das und die
und die Geschichten. Von unseren Ostemigranten
hier konnte man das nicht erfahren. Das habe ich
diesen Leuten auch erst übel genommen, daß sie
uns nicht aufgeklärt haben. Aber heute weiß ich, wie
lang der Arm der GPU[2] war und daß für sie ein
Risiko bestand, auch als sie schon hier waren. Die
hätten plötzlich verschwinden können, das gab es ja
auch.

Aber ich will erzählen, wie dieser Druck immer
stärker wird und wo man sich sagt, Menschenskin-
der, ich will ja nicht wieder in eine Partei. Aber man
hat mich umworben und glaubte, ich würde wieder
mitmachen. Doch seit meiner Schutzhaft damals,
nachdem ich lange über Ideologien nachgedacht
hatte, sagte ich mir: Ideologien und Sekten, das ist
eine sehr verquistete Sache. Man sollte irgendwelchen Ideologien nicht folgen. Das hat sich ja nun im
Laufe meines Lebens bestätigt, daß es überall, wo es

1969

Kämpfe und Auseinandersetzungen gibt, meist um Ideologien geht.

Na, jedenfalls habe ich immer geglaubt, ich sei vielleicht ein Kleinbürger und könnte das nicht richtig erfassen. Obwohl ich ja auch in Fabriken gearbeitet hatte. Trotzdem habe ich geglaubt, als Kleinbürger müßte man etwas tun.

Die marxistische Philosophie an sich hat mich nicht interessiert, die war mir zu schmalspurig. Ich habe, glaube ich, nie irgendwelche marxistischen Bücher gelesen. Aber die Tatsache, daß man den Russen gegenüber wiedergutmachen müßte, die hat mich bestärkt, also dann doch der Partei beizutreten. Es war eine Zeit, wo ich mir das so eingeredet hatte, man muß was tun, man muß was tun, daß ich wie ein religiöser Fanatiker gewirkt haben muß. Und das war meine Zeit auch bei der Presse.

Dann, am 17. Juni 1953, hat die Sache »einen Knacks« bekommen, als ich merkte, die Funktionäre waren alle nicht vorhanden. Ich war auf der Straße, aber die Funktionäre waren nicht zu sehen. Da kamen meine ersten Bedenken, auch über die Geschichten, die ich so langsam gehört habe, was da in der Sowjetunion passiert war. Nun kann man fragen, ja, warum bist du denn nicht ausgetreten? Und das werde ich ja auch gefragt.

Das würde ich sicher im Laufe des Gespräches auch noch gefragt haben.

Ja, und das ist natürlich eine Sache für sich. Ich hatte eine große Familie, acht Söhne. Außerdem wollte ich hier gar nicht weg. Ich habe hier Wurzeln, und ich bin ein Schriftsteller, der Wurzeln braucht, der nicht heute da und morgen da leben kann. Ich habe dieses Land und diese Wurzeln gebraucht. Ich konnte nicht einfach wechseln. Es hat Momente gegeben, wo es sehr nahe war, daß ich hätte rübergehen können. Aber ich habe mir immer gesagt, was machst du dann, dann stehst du da, hast kaum noch Stoff zum Schreiben, du mußt die Umwelt erst kennenlernen und all diese Geschichten. Das hat mich einfach abgehalten, so daß ich bis zum letzten Moment dabeigeblieben bin, genauso wie Christa Wolf. Ich sah für mich keine andere Möglichkeit. Wenn ich aufgegeben hätte, dann hätte ich auch hier nicht mehr schreiben können, denn man hätte mir als Schriftsteller das Leben unmöglich gemacht. Da habe ich so bei mir gedacht, tu soviel du kannst, die Sache von innen ein wenig auszuhöhlen und deine Meinung zu sagen. Das ist ja auch verstanden worden und auch so angekommen. Und nur so ist es zu erklären, daß ich hiergeblieben bin.

Weil Sie gerade sagen, dann hätte man mir hier das Schreiben schwergemacht. Man hat es Ihnen ja auch schwergemacht, obwohl Sie oder weil Sie hiergeblieben sind. Darüber werden wir gleich noch reden. Nur, ich würde gern noch bei Ihren Anfängen bleiben, also in der Zeit, wo Ihnen etwas übellaunige Kollegen Ihrer Zunft vorwerfen, Sie seien damals als

Einpeitscher für die Bodenreform tätig gewesen. Ich würde das ein bißchen freundlicher sagen, ein gewisses Missionarstum kann man da schon feststellen. Sie haben sich wirklich engagiert für eine Sache, die Sie für vernünftig hielten, nämlich für eine Umverteilung von Großgrundbesitz in einen Zusammenhang kleinerer Grundstücke. Das war natürlich ein deutliches Engagement.

Ja, ich habe auch über diese Bodenreform geschrieben. Aber da gibt es einen anderen Aspekt, einen anderen Gesichtspunkt. Die Gutsbesitzer sind weggegangen und konnten auch vorläufig nicht wiederkommen. Das hätten die Russen ja nie geduldet. Sollte das Land nun unbebaut liegenbleiben, oder war es nicht besser, daß die kleinen Leute es bebauen konnten, so wie es geschehen ist? Was nachher kam, der Zusammenschluß der kleinen Leute in Genossenschaften, da fingen die Fehler an, weil dann alles von oben gesteuert wurde. Ich habe ja dieses Wagnis unternommen mit dem »Ole Bienkopp«, eine Genossenschaft vorzuführen, die sich nur aus Bauern rekrutiert und nicht per Befehl von oben gegründet wurde.

Und an der Unfähigkeit der Funktionäre, ich will nicht sagen, scheiterte, aber die Hauptperson in den Tod treibt.

Ja, die Parteibürokratie. Damals durfte ich das natürlich nicht zugeben, denn das hat man mir immer vor-

geworfen, daß ich ja meinen Helden an der Partei-
bürokratie sterben lasse. Ich habe immer gesagt:
»Aber ihr sagt doch, es gibt keine Parteibürokratie.«
Heute kann ich natürlich sagen, es ist so.

*Man ist ja immer schlauer, wenn man aus dem Rat-
haus rauskommt. Man ist 40 Jahre nach dieser
Bodenreform natürlich auch schlauer. Wenn Sie
heute sehen, mit welchen Schwierigkeiten die Her-
stellung der sogenannten früheren Besitzverhält-
nisse verbunden ist, würden Sie dann sagen, trotzdem war es richtig, daß ich damals versucht habe,
dieses Land nicht brachliegen zu lassen und zu
sagen, ihr habt ein Recht darauf, das ist keine Frage
des Geldes, sondern der Arbeitswilligkeit?*

Ja, ich betone, solange es wirklich Einzelbauern
waren, solange sie mit 20 oder 25 Morgen das Land
eigenbewirtschaftet haben. Als dann aber der Zusammenschluß, der befohlene Zusammenschluß
kam und der Staat sich immer mehr eingemischt
hat, von da an würde ich diese Verhältnisse nicht
wiederhaben wollen.

Bitterfelder Weg

Bevor wir, was ja eigentlich das Wichtigste bei einem Schriftsteller ist, über Ihre Bücher reden, lassen Sie uns, weil wir gerade bei Ihrer politischen Betätigung sind, noch ein wenig bei Ihrem kulturpolitischen Engagement bleiben. Sie wurden 1959 Erster Sekretär des DDR-Schriftstellerverbandes. Sie sind nicht, obwohl Sie es hätten werden sollen, Nachfolger von Anna Seghers als Präsidentin geworden. Warum eigentlich nicht?

Das haben eigentlich die Westdeutschen zuerst entdeckt, daß ich die Kulturpolitik, die dann hier betrieben wurde, nicht vertreten wollte, nach außen hin. Deswegen war ich ganz froh, als Hermann Kant[3] das Amt übernahm, und er war ganz froh, daß er es übernehmen konnte, aus den Gründen, über die wir schon gesprochen haben.

Wir unter uns. Wir sollten aber, ohne Hermann Kant zu nahe zu treten, das vielleicht so erklären, daß Hermann Kant eine größere Neigung zu öffentlichem Repräsentieren hat, als das Ihnen eigen ist.

Erst einmal hatte ich es mir offen gehalten. Ich habe als Erster Sekretär kein Gehalt genommen, wie die anderen. Man hat mir gesagt, das kannst du doch nicht tun, der Nachfolger, was soll der nachher machen. Aber dann kam der berühmte »Bitterfelder

Weg«[4], den ich zuerst auch begrüßt habe, weil ich ja selber Arbeiter war und mühselig Schriftsteller geworden bin. Ich habe mir gesagt, das ist doch eigentlich ein ganz gesunder Gedanke, es können ja überall Talente versteckt sein, die man finden und die man auch fördern muß. Doch in keinem Moment habe ich daran gedacht, daß das von Walter Ulbricht ganz anders gemeint war. Er hat sich Schriftsteller erziehen wollen, die nur so schreiben, wie er das gern hätte.

Und zwar nicht vom Stil, sondern vom Inhalt her.

Nur Inhaltismus. Plötzlich sackte die ganze Sache ab und geriet in die Hände der Gewerkschaft. Da ging es dann los, und die Brigadetagebücher in den Fabriken, das war nun die eigentliche Literatur. Die Schriftsteller waren diejenigen, die das verhindert haben, aber die mußten dann in die Fabriken gehen und dort Kurse abhalten für diese Leute. Von dem Moment an war für mich die Sache nicht mehr zu machen. Da gab es einen Mann, Otto Gotsche, der war Sekretär des Staatsrates und schrieb auch. Er war der größte Antreiber bei dieser ganzen Bitterfelder Geschichte. Es wurden zwei Konferenzen abgehalten. Was ich auf der ersten Konferenz gesagt habe, darauf kann ich mich nicht mehr besinnen. Ich kann sowieso nicht gut Reden halten. Aber auf der zweiten, daß weiß ich, habe ich schon gegen den »Bitterfelder Weg« polemisiert, worauf mir dann der Kulturminister auf Befehl Ulbrichts antworten mußte. Und da spürte man schon, irgendwas stimmt nicht mehr. Aber ich bin darüber so krank geworden, seelisch krank, daß man mich ins Krankenhaus einliefern mußte. Jedenfalls habe ich die Sache nicht länger als ein Jahr gemacht, ein halbes Jahr galt ich aber noch als Sekretär, und dann war es aus. Ich schmiß das Amt hin.

In dieser Zeit, als der »Bitterfelder Weg« proklamiert wurde, wer war damals Kulturminister, Johannes R. Becher?

Nein, Klaus Gysi. Er hat mir ja erwidert auf meine polemische Rede.

Nun ist das ja etwas, was man generell feststellt bei einem großen Teil sogenannter linker Politik, die Mystifizierung des Arbeiters, des Proletariers. In der Bundesrepublik gab es das ja auch. Die Arbeiterliteratur sollte plötzlich die hohe Literatur sein. Bei uns waren es keine Brigadetagebücher, es waren sogenannte Werkstattberichte.

Das war die Zeit, wo die Arbeiter immer noch hierher geschielt haben und glaubten, man ginge hier bei uns den rechten Weg, und man müßte einiges nachmachen.

Haben Sie eine Erklärung für diesen Popanz Arbeiter, den man ja durchgängig durch die Politik, nicht nur der DDR, sondern fast aller sozialistischen Staa-

ten gefunden hat? Der Arbeiter stand immer ganz oben, gefolgt von den Bauern, und dann kam die Intelligenz. Woher kommt diese Mystifizierung des Arbeiters?

Aus der Intelligenz. Ich kann Ihnen sagen, die sind gerannt und haben sich in die Hände gespuckt, um bloß ihren proletarischen Nachweis irgendwo bei einer Großmutter zu finden. Sie haben sich geschmeichelt gefühlt, wenn die Arbeiter mit ihnen gesprochen haben. Das hat mich angestunken. Ich habe mit Brecht darüber immer Diskussionen gehabt. Brecht war auch so einer. Da brauchte nur einer zu kommen, der sagte, es sei ihm Unrecht in einer Fabrik geschehen oder die Partei habe ihn schlecht behandelt, den hat Brecht sofort eingestellt, irgendwo in seinem Hofstaat. Und ich habe immer gesagt: »Die Arbeiter sind anders. Du siehst das falsch. Du kennst die Arbeiter nicht wirklich.« Das wollte er mir nicht glauben.

Aber merkwürdig ist es ja in der Tat, daß das nicht nur eine kulturpolitische Linie war, sondern sozusagen oberstes Gebot. Der Arbeiter war derjenige, welcher. Wobei die Entfernung, ich glaube, das haben Sie auch mal irgendwo geschrieben, zwischen dem Arbeiter, was man sich darunter vorstellt und wie er hätte sein sollen, ja auch in der DDR immer größer wurde.

Den gab es nicht.

Es gab die Entfernung nicht? Nein, es gab die Sym-
biose nicht, die gewünschte.

Jetzt habe ich Sie mißverstanden. Die Entfernung
gab es natürlich. Denn die Hauptsache war, man hat
davon geredet. Aber wenn man es ganz richtig be-
denkt, ist ja was Wahres dran. Wenn ich zum Beispiel diese Verächtlichkeit der Intelligenz höre, über
die Landwirtschaft zum Beispiel. Darunter habe ich
auch zu leiden, weil ich über die Landwirtschaft
nach 1945 geschrieben habe. Landwirtschaft war
sofort Blut und Boden. Und darum hatte man sich
nicht zu kümmern. Den Grünkohl kaufte man im
Laden und den Honig und die Butter. Man hat sich
darüber nicht den Kopf zerbrochen, daß das herge-
stellt werden muß. Und so ähnlich ist es natürlich
beim Arbeiter auch. Sie müssen da sein, aber nicht
so, daß man sie vergöttert. Das ist meine Meinung.

»Katzgraben«:
Sünde gegen die Kunst

Die Einsicht ist bei Ihnen erst im Laufe der Jahre
gekommen. Denn wenn Sie sich Ihren »Katzgraben«
ansehen, dann ist das im Brechtschen Sinne ein
Lehrstück gewesen, ein politisches Lehrstück.

Ja, wissen Sie, das mache ich mir auch heute noch zum Vorwurf. Ich habe gesagt, ich distanziere mich von dem Stück. Wir haben uns mit Brecht so ereifert über diese russischen Neuerermethoden, die wir beide nicht kannten oder nur aus den Zeitungen. Mitschurin[5] und wie das alles hieß, daß man mit bestimmten Bebauungsweisen hohe Ernten erzielen kann. Und die Russen haben damit auch immer geprahlt und geprotzt, doch in Wirklichkeit haben sie das nur in kleinen Versuchsgärten gemacht. Aber bei uns wurde das sofort als sakrosankt betrachtet. Da gab es zum Beispiel eine Methode, die hieß »jarowisieren«[6], das hieß, das Getreide mußte erst soundsoviel Kälte hinter sich haben, ehe es ausgesät wurde. Das war bei uns sofort ein Befehl. Die Bauern mußten ihr Getreide »jarowisieren«, auch wenn sie das Wort nicht einmal aussprechen konnten, aber es mußte »jarowisiert« werden.

So sind wir beide, Brecht und ich, reingefallen und haben die tollsten und kühnsten Pläne entwikkelt. Brecht selber hat ja auch über die Züchtung der Hirse geschrieben, also hat er auch dran geglaubt, daß da was dran sei, ohne es wirklich zu kennen. Und ich muß sagen, »Katzgraben« selbst sehe ich heute als eine Sünde gegen die Kunst an. Bis auf die Sprache. Auf die bilde ich mir doch noch was ein.

Sie haben das jambische Versmaß, die fünffüßigen Jamben, verwendet. Das war erstaunlich. Aber da gibt es natürlich auch Kollegen, die Ihnen übelgenommen haben, daß Sie eine so edle Versform für einen lapidaren Inhalt mißbraucht haben.

Na ja, das ist eben Ansichtssache.

Sie haben sich ja noch einmal an einem Theaterstück versucht, »Die Holländerbraut«.

Ja. Das wird jetzt wieder aktuell. Und ich habe das Gefühl, diese »Holländerbraut« ist noch nicht verjährt und kann noch einmal zu Ehren kommen.

Warum?

Nun, wegen der Ausländerfeindlichkeit, es handelt sich doch darum. Es ist die Geschichte einer Frau, der »Holländerbraut«, die sich mit einem holländischen Kriegsgefangenen abgegeben hat und dafür ins Konzentrationslager wanderte. Aber ich bin kein Dramatiker, habe ich dabei festgestellt.

Das wollte ich nämlich gerade fragen. Ich habe auch den Eindruck, das war nie Ihre Lieblingsbeschäftigung, Dramen zu schreiben.

Nee. Genauso wie Gedichte. Jeder schreibt mal Gedichte. Jeder versucht mal, ein Drama zu schreiben. Ich glaube, bei mir war das auch so.

Eines Ihrer Dramen ist doch auch veropert worden, oder?

Das ist ganz merkwürdig. Ein Stück ist vertanzt worden. »Die Holländerbraut« hat ein Tanztheater aufgeführt. Ich habe die Aufführung nie gesehen. Aber »Katzgraben« zum Beispiel gehört zu den Lehrbeispielen, die verfilmt wurden, fast direkt von der Bühne runter, wie auch »Mutter Courage«.

Das war insofern auch eine Ausnahme, weil Brecht damit zum erstenmal über den Rahmen gesprungen ist, den er sich selber gesetzt hat. Denn er hat ja eigentlich immer nur entweder Klassiker adaptiert oder eigene Stücke am Brecht-Ensemble gespielt. Sie waren eigentlich der erste, bei dem er gesagt hat, da ist ein junger Mann, mit dem müßte man etwas machen.

Da müßte man sich seiner mal bedienen, ja.

Gut, das sehen Sie heute im nachhinein so, das ist klar.

Ja. Es ist aber so, Brecht hat nie einen eigenen Stoff erfunden. Er hat immer andere Stoffe bearbeitet, fremde Stoffe. Aber er hatte ein besonderes Geschick, das, wie er es immer nannte, dialektisch so zu drehen, daß es hinkam und im Urgrund marxistisch wurde.

Nichts weiter als ein Briefträger

Noch etwas zu Ihrer Biographie als – entschuldigen Sie, wenn ich sage – Kulturpolitiker. Das waren Sie ja, auch wenn Sie es nicht haben sein mögen, zwangsläufig allein dadurch, daß Sie noch einer von vier Vizepräsidenten des Schriftstellerverbandes waren. Sie waren Mitglied in der Akademie der Künste. Sie haben also sowohl etwas bewirken können, aber auch am eigenen Leib erfahren müssen – weil Sie eben etwas unbequem, in manchen Dingen sehr unbequem schrieben –, wie wenig mächtig man auch als Kulturpolitiker ist.

Also, in der DDR war man als Kulturpolitiker gar nicht mächtig. Das ist ein großer Irrtum. Oder man mußte eben die Trompete blasen. Aber die Akademie zum Beispiel, die hat so gut wie keine Wirkung gehabt, in keiner Weise. Ich war das letzte Mal vor Jahren dort. Da fing man an, die Mitglieder des Politbüros zu Vorträgen einzuladen. Der erste, der kam, das war dieser Günter Mittag. Und ich habe gleich mit ihm eine Kontroverse bekommen. Damals ging es los, daß die Handwerker hier in der DDR nur noch gegen Westgeld arbeiteten oder zumindest einen Teil in Westgeld ausbezahlt haben wollten. Da habe ich ihn gefragt: »Wie wird denn das nun, werden wir jetzt mit zwei Währungen arbeiten?« Und er hat zu mir gesagt: »Schick mir den her, der das verlangt hat.«

Diesen Handwerker?

Ja. Ich sagte, na da wirst du andere Leute haben, die dir den bringen können, es gibt nicht bloß den einen. Und damit war es aus, damit bin ich auch nicht mehr in die Akademie gegangen.

Wenn Sie sagen, man war verhältnismäßig machtlos als Kulturpolitiker, dann stimmt das sicherlich, was die große Linie anging, denn klar war in der DDR immer, daß die Kulturpolitik natürlich den Richtlinien der politischen Führung zu folgen hatte. Nur, dagegen gab es ja verschiedene Grade des Dagegenverstoßen-Könnens. Und da meine ich schon, hätten Sie als ein Vizepräsident des Schriftstellerverbandes hin und wieder die Möglichkeit gehabt, und das haben Sie ja auch getan, ein bißchen die Wogen zu glätten und zu sagen, also dem helfen wir jetzt, ohne es an die große Glocke zu hängen.

Ich habe mir eingebildet, als ich damals eingewilligt habe, Sekretär zu spielen, man könne irgendwas für die Literatur tun. Ich mußte aber in dem einen Jahr einsehen, daß ich nichts weiter war als ein Briefträger zwischen dem ZK und dem Schriftstellerverband. Und daß ich nichts tun, nichts ändern konnte. Dazu waren auch wieder viel zu viele Schriftsteller da, die auf der sogenannten Linie standen, daß die das gar nicht hätten durchgehen lassen.

Nur andererseits, und da ist bestimmt eine Wechselwirkung zwischen DDR und BRD damals, wurde ja

in der DDR die Literatur auch vom Staat ernstge-
nommen, bei uns der Bundesrepublik überhaupt
nicht. Das mag auch damit zusammenhängen, daß
wir alles aufgebauscht haben, wenn wir glaubten,
hier sei irgendwo ein Stachel des Widerstands in der
Literatur zu spüren. Es hängt aber sicher auch da-
mit zusammen, daß der Staat, die DDR, an die Lite-
ratur eine ganz bestimmte Erwartungshaltung
hatte, nämlich die eines Erfüllungsgehilfen. Oder
sehe ich das falsch?

Ja, ich sehe vor allen Dingen, daß die oberen Funktionäre beständig in Angst schwebten, daß ihre Ses-
sel angesägt werden könnten und daß sie aufpaßten,
wo nur irgend möglich, das zu unterbinden. Dieser
Respekt, der der Literatur entgegengebracht wurde,
war eine Angstreaktion nach meiner Meinung.

Wollen Sie damit sagen, Literatur hätte zumindest so
mächtig sein können, daß sie irgendwelchen Staats-
funktionären die Stuhlbeine absägt? Nein, oder?

Das haben die sich aber eingebildet. Das ist es ja.

Vielleicht ist das die Rückwirkung der Propaganda
vom Leseland DDR. Wir wissen inzwischen, daß
das auch nicht ganz so war, wie es immer dargestellt
wurde.

Doch, das verteidige ich.

Ja, nur in dem Ausmaße, wie es behauptet wurde von den Kulturfunktionären, hat es natürlich nicht gestimmt. Das sieht man ja jetzt, nach der Vereinigung.

Da müssen Sie aber die andere Situation berücksichtigen, daß Bücher jetzt teurer sind, daß sich die wirtschaftliche Situation geändert hat. Ich gebe zu, daß man drüben immer geschrieben hat, meine Bücher werden zwar gekauft, verschimmeln aber irgendwo in den Bücherschränken. Das kann ich beweisen, daß das nicht stimmt. Ich hatte so viele Leser, wirkliche Leser. Wie es bei anderen war, kann ich nicht genau sagen, aber es wurde jedenfalls gelesen, und die DDR war schon so etwas wie ein Leseland. Und jetzt, bei meinen Lesereisen, habe ich das gleiche wieder gespürt.

»Konsalik des Ostens«

Dabei sind Sie eine der ganz großen Ausnahmen. Das muß man in einem solchen Gespräch auch festhalten. Sie haben mit dem dritten Teil Ihres »Laden«, der 1992 erschienen ist, einen von Ihnen kaum für möglich gehaltenen Auflagenerfolg gehabt, weit über 100 000 verkaufte Exemplare. Das ist in der Tat nicht nur eine ostdeutsche Ausnahmeerscheinung, sondern ebenso eine bundesrepublikanische, wobei

erstaunlicherweise der Großteil dieser Auflage in der ehemaligen DDR für inzwischen 40 Mark pro Buch gekauft wurde. Alle anderen Ihrer damaligen Kollegen haben, wenn es hochkommt, vielleicht ein Zehntel dieser Auflage.

Das kann ich nicht beurteilen. Das weiß ich jetzt nicht, wie hoch die Auflagen bei Christa Wolf zum Beispiel waren. Aber sie wird doch auch viel gelesen.

Ich glaube, Christa Wolf verkauft nicht mehr so viel wie früher, wobei es da möglicherweise auch noch eine andere Erklärung gibt. Ihre Bücher wurden ja, im Gegensatz zu Ihren, im Westen Deutschlands immer sehr viel verkauft. Und plötzlich sind bei uns ein paar Intellektuelle auf die Idee gekommen, nach der deutschen Einigung festzustellen, es hätte Christa Wolf als Literatin eigentlich nie gegeben, so wie es eigentlich nie eine DDR-Literatur gegeben habe. Wie empfindet man denn ein solches übers Knie gebrochene DDR-»Literaturverbot«, was da von unserer Seite ausgesprochen wird. Wie empfindet man das als ein erfolgreicher DDR-Schriftsteller?

Ich bin das so gewohnt, daß mir das gar nicht auffällt. Es ist immer so, entweder heiße ich der »Konsalik des Ostens«...

»Zille der Sprache« habe ich schon gehört, »Konsalik des Ostens« habe ich noch nicht gehört.

... oder es wird mir nachgesagt, ich produziere nur Bauernliteratur. Obwohl »Der Wundertäter« ein Buch ist, das in ganz Europa spielt, aber das haben sie natürlich nicht gelesen, die Leute. Und dann dieses furchtbare Abschreiben der Rezensenten voneinander in den Zeitungen.

Ich bin überhaupt nicht betrübt darüber. Ich bin immer der Meinung, wenn irgendwas wirklich Literatur ist, dann setzt sie sich eines Tages durch. Es kann noch so lange dauern, sie wird sich durchsetzen.

Weil Sie gerade das Stichwort Literaturkritik gegeben haben. In der Tat ist ja richtig, daß Sie nicht gern hören, wenn Ihnen westdeutsche Kritiker vorhalten, Sie würden Dorfgeschichten schreiben. Wobei ich sagen muß, ich finde das per se ja kein negatives Urteil, denn man kann ja auch aus der Perspektive einer Miniwelt Dorf sehr wohl die große Welt im Auge haben.

Ja, deswegen habe ich im dritten Band des »Laden« dieses Schopenhauer-Zitat vorangesetzt, wo er darüber schreibt, daß sich im Tautropfen die Welt spiegelt.

Ein Mann wie Reich-Ranicki hat Ihnen einmal vorgeworfen, Sie würden Blut-und-Boden-Romane marxistisch verbrämt schreiben.

Ja, aber das wundert mich bei ihm doch gar nicht.

Wenn es Literatur ist,
setzt sie sich durch

Das bringt mich jetzt zu der Frage: Was erwarten Sie denn von Literaturkritik?

Es gibt unter den Kritikern zum »Laden III« ein paar sehr gute und vernünftige westliche Besprechungen. Aber im großen und ganzen habe ich immer das Gefühl, daß die Leute, die in den Zeitungen über Bücher sprechen, sie nie ganz gelesen haben, nur angelesen oder einen Teil davon, oder schon mit einem fertigen Urteil an ein Buch drangehen.

Ich meine jetzt gar nicht so sehr, daß Sie sich selbst von mancher Kritik als Schriftsteller einfach verletzt fühlen, weil man ja mit Recht sagen kann, ich setze mich jahrelang hin, schreibe einen Roman, dann kommt irgendeiner daher, liest das Buch noch nicht mal richtig und meint, er könnte darüber eine Meinung äußern. Ich meine mehr die Institution Literaturkritik. Wenn ich mir ansehe, wie zum Beispiel Ihr »Ole Bienkopp« damals breit diskutiert wurde, nachdem er einige Jahre als Manuskript bei Ihnen gelegen hat, bevor er überhaupt gedruckt werden durfte, dann frage ich mich, wurde hier Literaturkritik nicht insofern auch mißverstanden, als man gedacht hat, man könnte so eine Art Anleitung zum Lesen geben. Ich hatte immer den Eindruck, wenn ich las,

daß sich die Leute aufgeregt haben, wie Sie diesen
»Ole Bienkopp« konstruiert haben, daß die Ihnen
immer sagen wollten, das hättest du so und so
machen können, so, als wenn sie ein Fachbuch oder
eine Lehranweisung vor sich gehabt hätten. Das ist
für mich keine Literaturkritik.

Na ja, das ist die marxistische Auffassung, daß Literatur eine Anleitung zum Handeln sein soll. Das
wurde von mittelmäßigen oder schlechten Schriftstellern dann auch so befolgt.

In der Bundesrepublik gab es auch mal eine Phase –
die hat man insbesondere bei der Kinder- und
Jugendliteratur gespürt –, in der sich Pädagogen als
Kritiker darüber hergemacht und immer das ausge-
zeichnet haben, was gut gemeint war, aber nie das,
was wirklich gut war.

Was didaktisch war, ja.

Und das sehen Sie als einen Bestandteil marxisti-
scher Literaturkritik generell?

Ja.

Was ist denn dann Literatur? Im marxistischen
Sinne sicherlich Lebenshilfe. Die Frage ist ja nur,
von welcher Seite aus Lebenshilfe, für den Leser, um
möglicherweise zu überleben? Daran müßte ja dem
Autor gelegen sein, oder im parteilichen Sinne

Lebenshilfe, um dem Staatsbürger zu sagen, wie er sich zu verhalten hat.

Nein, so sehe ich Literatur überhaupt nicht. Ich bin der Meinung, schon seit vielen Jahren, es kommt immer darauf an, wieviel Kosmos ein Buch enthält. Und wenn ich eine Weile lese und merke, dort kommt nicht ein Satz vor, der sich auf den Kosmos oder das Kosmische bezieht, denn wir sind ja hier nicht mit unserer Erde allein, dann bin ich schon nicht mehr so sehr überzeugt, daß es sich um Literatur handelt. Denn wir haben ja große Vorbilder, Rilke zum Beispiel. Diese Leute, die haben sich doch alle im Kosmischen bewegt. Ich sage immer, ich muß Kosmisches in einem Roman oder in einer Erzählung finden, dann weiß ich auch, der Erzähler weiß, wo er lebt.

Dieses ist Ihre Auffassung als Schreibender, die aber bei weitem nicht immer die Auffassung derjenigen war, die damals in der DDR zu sagen hatten, dieses Buch machen wir, oder dieses lassen wir mal ein bißchen liegen. Da haben Sie ja wirklich leidvolle Erfahrungen gemacht.

Ja. Das stimmt.

Denn so befreit, souverän und losgelöst war ja Ihre Existenz, auch als beliebter Schriftsteller in der DDR, nicht. Sie haben mit dem »Ole Bienkopp«

Schwierigkeiten gehabt. Sie haben mit dem »Wunder-
täter III« Schwierigkeiten gehabt.

Mit dem »Grünen Juni« auch.

Sie haben sogar auch mit einigen Ihrer Kinderbü-
cher, zumindest nachher in der Rezeption, Schwie-
rigkeiten gehabt. Über »Tinko« zum Beispiel wurde
doch breit diskutiert, ob man das überhaupt machen
dürfe, weil es aus der naiven Sicht eines Kindes die
Welt schildert.

Ja, aber die naive Sicht ist immer ein Streitobjekt
gewesen, in der Literaturkritik überhaupt, in der
Politik. Für mich war sie immer ein Kunstmittel, die
Naivität. Man konnte etwas mehr sagen aus dieser
Sicht.

Es bewahrte einen aber nicht davor, daß irgendwo
einer saß, der gemerkt hat, daß man damit ver-
suchte, ein bißchen mehr zu sagen. Nicht umsonst
haben ja manche Manuskripte von Ihnen zwei, drei
Jahre gelegen, und zwar nicht bei Ihnen, sondern
beim Verlag beziehungsweise bei den kontrollieren-
den Behörden. Wie stark war der Einfluß von Zensur,
wer hat Zensur ausgeübt, und wie ist das vonstatten
gegangen?

Wenn man die Kulturfunktionäre gehört hat, dann
gab es keine Zensur. Aber wir brauchen es bloß an
einem Buch von Loest[7] zu demonstrieren. Gemein-

sam mit Kant haben wir uns dafür eingesetzt, daß sein letztes Buch, das er hier veröffentlicht hat, eine Nachauflage bekam. Die bekam es dann auch, aber das Buch wurde sofort wieder eingestampft. Und ich bin der Meinung, daran zeigt sich doch die Zensur. Ich weiß doch genau, wo meine Manuskripte überall gewesen sind.

Wo?

In Moskau zum Beispiel.

Bis nach Moskau sind sie gelangt?

Ja. Natürlich.

Das hat also nicht auf der Ebene Politbüro geendet, sondern das ging tatsächlich dann auch noch bis Moskau?

Über einen Fall sollten wir jetzt reden: »Wundertäter III« ist deswegen angeeckt, weil Sie sich, bis dahin als erster DDR-Schriftsteller überhaupt, getraut haben, die Nachkriegszeit in Ostdeutschland und die Rolle der ruhmreichen Sowjetarmee zu entglorifizieren und zum Beispiel zu sagen, natürlich haben russische Soldaten deutsche Mädchen vergewaltigt. Das hat Ihnen unglaubliche Schwierigkeiten gemacht, und das in den siebziger Jahren.

Ich habe das damals nicht gewußt und erst später erfahren, daß Abrassimow[8] gegen den »Wundertäter«

interveniert hat und anfing, bestimmte Auflagen zu erteilen.

War es Hager[9] selbst oder unser Politbüro aus eigener Machtvollkommenheit, ich weiß nicht, warum der »Wundertäter« dann doch gedruckt werden durfte.

Es ging ja auch so weit, daß man Ihnen, nicht nur in diesem Fall, aber in diesem natürlich ganz besonders, nahegelegt hat, doch ein bißchen was an dem Manuskript zu verändern, weil es dann leichter zu drucken sei. Auf so etwas haben Sie sich ja nie eingelassen?

Nee. Das habe ich nicht.

Mit was für Gefühlen saßen Sie denn damals da, ich glaube, Sie haben drei oder fünf Jahre an dem »Wundertäter« gearbeitet, als mehrfacher Nationalpreisträger, als anerkannter DDR-Autor. Sie müssen sich ja vorgekommen sein wie ein kleiner Schuljunge, der darauf wartet, daß irgendwelche Politikfunktionäre sagen: Da kriegen wir aber Zahnweh, und den lassen wir jetzt ein bißchen zappeln. Ist das nicht entwürdigend?

Ja, was soll ich dazu sagen? Wenn man schreiben muß, dann gibt es kein Pardon. Also entweder man erträgt das, und ich muß es ja immer noch ertragen. Auch drüben, wenn ich mal wieder drüben sagen darf, wird ja nicht in jedem Falle gerade glänzend über mich gedacht. Aber ich muß es ertragen, und ertrage es auch, weil ich immer wieder sage: Wenn es Literatur ist, dann wird sie sich eines Tages durchsetzen. Und es werden auch Leute die Bücher lesen, die sie heute nicht lesen, denn die Meinung dieser Leute kann sich gewandelt haben. Es hat ja immer Literaturströmungen gegeben. Im Augenblick habe ich das Gefühl, daß das »Erzählen« wieder etwas höher bewertet wird. Aber wenn man drüben heute von mir schreibt, »ein neuer Erzähler ist entdeckt«, dann bin ich natürlich etwas belustigt darüber.

Ich wollte diesen Staat nicht verraten

Wenn es im Zusammenhang mit Ihnen ist, sicherlich zu Recht. Denn ich finde, daß Sie in der Tat bei uns im Westen zu wenig bekannt sind. Der Erich Loest hat schon recht, wenn er von Ihnen als einem großen, alten Mann der deutschsprachigen Literatur spricht.

Lassen Sie uns an dieser Stelle noch einmal auf das zurückkommen, worüber wir vorhin sprachen, auf diese wenig zufriedenstellende Situation: Man sitzt da, weiß, man kann schreiben, weiß, man hat etwas Gutes geschrieben, und dann sitzen da irgendwelche Ignoranten und beurteilen das nach politischen Kriterien. Viele Ihrer Kollegen haben damals zu dem Ausweg gegriffen, daß sie gesagt haben, gut, wenn ich hier Schwierigkeiten habe, dann schaffe ich das Manuskript eben in den Westen, wie Stefan Heym[10] zum Beispiel. Sie waren ja zu dem Zeitpunkt schon in einem Alter, wo Sie jederzeit ohne Genehmigung Besuchsreisen hätten machen können. Was hat Sie gehindert zu sagen, jetzt gebe ich dieses Manuskript einem westdeutschen Verlag, da habe ich die Schwierigkeiten nicht?

Es war so etwas wie – eigentlich habe ich das nie gehabt – so etwas wie Vaterlandsgefühl. Ich wollte diesen Staat nicht verraten.

Es wurde ja in der DDR versucht, eine sozialistische deutsche Nationalkultur zu propagieren. Haben Sie sich denn als ein Bestandteil dessen gefühlt?

Nee, dem konnte ich mich nie anschließen. Das war die enge, enge Sicht der Funktionäre. Die hätten das gern gehabt, zwei Literaturen.

Auf der anderen Seite haben wir immer die Einheit der deutschen Kulturnation beschworen, die natürlich so auch nicht existiert hat, wie wir es gern gehabt hätten.

Und die Funktionäre haben das natürlich immer so gesehen: Die Bücher, die propagandistisch am vordergründigsten waren, das war dann eben die DDR-Literatur.

66

Ich finde das sehr berührend, daß Sie vorhin sagten, Sie wären sich da eher so als eine Art Vaterlandsverräter vorgekommen. Denn das wäre ja gleichzeitig zum Beispiel auch eine Beurteilung der Handlungsweise von Stefan Heym, der sich ja nicht mehr anders zu helfen gewußt hat mit ein, zwei seiner Bücher.

Darüber kann ich mich nicht äußern. Stefan Heym ist ein Urbanist, und ich habe immer aus dem Instinkt heraus geschrieben, über das ländliche Leben, über ländliche Figuren.

Sie haben aber einmal in einem Brief geschrieben: Immer aus Instinkt geschrieben, aber mit Intellekt gehobelt.

Ja, das glaube ich schon, daß es so ist, aber ich möchte das nicht gern von mir selbst sagen.

Dann halten Sie es hoffentlich trotzdem nicht für unzulässig, wenn ich frage: Fühlen Sie sich als ein Intellektueller, und wenn nein, warum nicht, und wenn ja, warum doch?

Ich fühle mich nicht als ein Nicht-Intellektueller, aber ich fühle mich auf der anderen Seite auch nicht als ein reiner Intellektueller. Ich kann die Beobachtung machen, daß es sehr viele Pseudointellektuelle gibt, die an sehr vielem schuld sind, was jetzt so zwischen den ehemals beiden Deutschlands passiert.

Was halten Sie denn von dieser Art der Vereinigung?
Was halten Sie davon, daß Schriftsteller, also Berufs-
kollegen und -kolleginnen von Ihnen, auf beiden Sei-
ten der ehemaligen Verbände jetzt plötzlich meinen,
sie müßten Geschichtskommissionen und Vereini-
gungskommissionen gründen, um die Rolle der
Stasi unter den Schriftstellern zu untersuchen. Ist
das ein angemessener intellektueller Umgang mit
unserer Vergangenheit oder mit unserer Gegenwart?

Nee, durchaus nicht. Ich bin der Meinung, wenn es
solche Leute gibt, die sich als Künstler bezeichnen,
dann sollen sie ihre Meinung in Form von Kunst aus-
drücken und nicht zu Politikern werden und auf beiden Seiten Steine und Dreck hin und her schmei-
ßen. Es gibt immer Leute, die sich für besser, für
intelligenter halten und ihre eigenen Grüppchen
und Clübchen haben. Aber ich bin der Meinung, das
war immer so in der Weltliteratur, daß es solche
Grüppchen und Clübchen gab. Ob es was getaugt
hat, hat die Zeit bestimmt.

Ich mische mich nicht mehr ein

Das ist sicherlich richtig, was die literarische Bewertung angeht.

Was mich ein bißchen überrascht hat, daß Sie gerade so apodiktisch gesagt haben: Also wer glaubt, ein Künstler zu sein, der soll sich nicht ins Tagesgeschäft einmischen, sondern das mit seiner Kunst zum Ausdruck bringen. Wir wissen, daß sich viele Schriftsteller, viele sogenannte Intellektuelle, auch in anderen Ländern der Welt bemüßigt fühlen, zu politischen Fragen Stellung zu nehmen, gefragt oder ungefragt. Ist es denn wirklich so falsch, wenn zum Beispiel Günter Grass immer noch, wie ich finde mit Recht, daran verzweifelt, daß nicht der dritte Weg möglich war, um eine Vereinigung der beiden deutschen Staaten hinzukriegen, und daß er sich jetzt als linker Melancholiker beschimpfen lassen muß. Die Realitäten sprechen natürlich gegen ihn, aber ist das nicht auch die Rolle eines denkenden Menschen, der mit dem Wort umgeht als Beruf, sich in solche Dinge einzumischen?

Ja, bei Grass wird das sicher so sein. Aber ich wäre von vornherein für eine Konföderation gewesen.

Ich hätte sowieso nicht diese Vereinigung so vollzogen, wie das geschehen ist. Aber das wäre wahrscheinlich nicht gut möglich gewesen, weil die Gier nach der Westmark unter der Bevölkerung bei uns so groß war, daß man zu der Zeit überhaupt kein

69

Gehör gefunden hätte. Außerdem habe ich mir geschworen, mich nicht mehr politisch zu betätigen, mich in keiner Weise einzumischen. In einem Interview hat mich jemand einmal direkt gefragt: Also, Sie sind ein notorischer Nichtwähler? Ja, das bin ich.

Sie meinen, das Interview in der »Märkischen Allgemeinen«, welches aus Anlaß Ihres 80. Geburtstages letztes Jahr erschienen ist? Das habe ich gelesen, und ich habe von Ihnen mehrere solcher Äußerungen gelesen, daß Sie sagen: Ich mische mich nicht mehr ein.

Soll ich meine Kräfte jetzt hergeben und kämpfen? Dazu sind mir meine letzten Lebensstunden zu kostbar.

Kämpfen sicherlich nicht im körperlichen Sinne, aber doch immer wieder einmal die Stimme als Schriftsteller erheben.

Ja, aber das nutzt doch nichts.

Ist da jetzt eine Art von Resignation aus Ihnen herauszuhören?

Nein, gar keine Resignation, ich bin mit mir zufrieden. Ganz und gar. Es kommt immer darauf an, wie man das Leben auffaßt. Man kann sich verzetteln, man kann aber auch jeden Lebensaugenblick, und je älter man wird, desto deutlicher wird das, vertiefen.

Und in dieser Tiefe liegt mehr Genugtuung, als sich äußerlich zu verpuffen.

Aber Sie schreiben doch weiter, und mit jeder Zeile, die Sie weiterschreiben, werden Sie sich weiter einmischen.

Das weiß ich nicht, ob es so sein wird. Vielleicht gehe ich mit mir selber mehr ins Gericht als Sie glauben.

Das ist ja etwas, was einem auffällt, wenn man den Teil Ihrer Tagebücher liest, der unter dem Titel »Die Lage in den Lüften« erschienen ist und der in erster Linie die Zeit des Entstehens von »Wundertäter III« behandelt, die Zeit von 1970 bis 1979. Da gehen Sie ja auch schon sehr hart mit sich ins Gericht. Ich habe mit großer Anteilnahme gelesen, wie Sie Ihren Zweifeln Ausdruck verleihen, an sich selber, an dem System, an der mangelnden Zivilcourage, daß man sich eigentlich auf niemand mehr richtig verlassen kann, mit Ausnahme der eigenen Frau, die da eine große Rolle spielt. Und ich habe mich immer wieder gefragt: Was wäre passiert, wenn man diese Tagebuchnotizen bei Ihnen gefunden hätte? Die Staatssicherheit hat Sie ja nicht links liegengelassen, sondern bespitzelt und beobachtet. Und diese Notizen waren seit vielen Jahren vorhanden, die sind ja erst 1990 veröffentlicht worden.

Ja, wahrscheinlich hätte man mich sofort hochgehen lassen.

Und hochgehen heißt in dem Fall Gefängnis Bautzen?

Ja. Aber andererseits, wenn ich aufgetreten wäre und hätte öffentlich gesagt, was da drinsteht, es wäre das gleiche gewesen.

Das wäre vielleicht sogar besser gewesen, denn dann hätte es wenigstens einen Beweis dafür gegeben, wie man in solchen Fällen mit Leuten wie Ihnen umgeht.

Schwer zu sagen. Aber wir sind vorhin an einer Stelle steckengeblieben. Ich hatte Ihnen gesagt, daß ich marxistische Literatur kaum gelesen habe, und daß ich die ganze marxistische Philosophie für viel zu schmalspurig gehalten habe, sozial und ökonomisch. Das waren ja die Hauptadern des Marxismus. Aber ich habe mich die ganze Zeit über mit anderen Philosophen beschäftigt, schon als Arbeiter. Ich habe an der Maschine gestanden und in den Pausen Schopenhauer oder Nietzsche gelesen. Später bin ich auf die orientalische Literatur gestoßen und habe mich zum Beispiel viel mit Zen-Buddhismus beschäftigt, als es noch nicht Mode war, und mit Laotse vor allen Dingen. Ich habe beobachtet, daß man, je älter man wird, an diesem Laotse, an dieser Philosophie, nicht vorbeikommt. Nun wäre es aber Quatsch, wenn man sich als Taoist bezeichnen würde. In dem Moment, wo man sich als irgend jemand bezeichnet, als Christ oder sonst etwas, ist man es schon nicht mehr. In dem Moment, wo ein Name, wo etwas benannt wird, dann ist man schon ein Sektierer.

Das ist mir auch in diesem Tagebuch aufgefallen, daß das Wort Sektierer zu einem Ihrer Lieblingsnegativworte gehört. Sie sind gegen Sektierer?

Ja. Ich habe einige Sekten studiert und mich auch mit dem Anthroposophen Rudolf Steiner beschäftigt. In dem Moment, wo man ihre Bücher liest, kann man ihnen in manchen Punkten sogar recht geben, aber sobald man sich zu dieser Gemeinschaft rechnet, ist man verloren. Und so etwas ähnliches ist ja auch aus dem Marxismus geworden. Er wurde eine große Sekte. Ich habe es eigentlich schon zeitig gemerkt, daß ich da in eine Sekte hineingerutscht bin, obwohl ich Sekten immer verabscheut habe. Aber, wie gesagt, da war immer noch irgend etwas anderes dabei, was mit der Wiedergutmachung zu tun hatte, worüber wir vorhin schon sprachen.

Nur, was ich weiß und fühle

Ist denn eine menschliche Gemeinschaft überhaupt zu existieren in der Lage, ohne, und jetzt sage ich nicht Sektierertum, aber ohne zumindest etwas be-

nennen zu können, was man gemeinsam als ein erstrebenswertes Ziel formuliert hat?

Ich kann Ihnen nur sagen, daß ich nicht mehr an die Vernunft glaube. Und das besonders in letzter Zeit. Ich meine, was haben die Wissenschaftler alles vorausgesagt, was nach dem Golfkrieg passieren wird. Und es ist geschehen und geschieht noch, aber es wird nicht mehr darüber gesprochen. Wozu brauchen wir dann eine Wissenschaft, wenn wir nicht darauf hören? Es ist ganz schwer, in Gemeinschaft zu leben.

Ja, aber dazu sind wir ja nun verdammt. Denn bei sechs Milliarden und irgendwann vielleicht einmal zehn Milliarden Menschen können wir nur zusammenleben und nicht jeder gegen jeden.

Ja, aber was daraus entsteht, ist irgendein Nationalismus. Sie sehen es doch.

Das ist natürlich eine Antwort, aber keine mich befriedigende, wenn Sie sagen: Ich glaube nicht einmal mehr an die Vernunft. Aber man muß doch an irgend etwas glauben, was denn anstelle der Vernunft?

Ich glaube an den Instinkt. Ich bewerte ihn jedenfalls sehr hoch.

Das wäre ja eine Absage an die Kultur, an die Kulturen.

75

Nee, durchaus nicht. Man kann auch mit Instinkt an der Kultur arbeiten.

Aber ich kann mich doch nicht nur auf meinen Instinkt verlassen. Den muß ich doch irgendwie zivilisieren, um nicht zu sagen, kultivieren.

Nicht unbedingt, glaube ich nicht. Ich kann Ihnen nur das sagen, was ich in den 81 Lebensjahren beobachtet habe. Und das kann durchaus falsch sein. Ich will nicht darauf bestehen, daß das alles richtig ist. Aber wenn ich mit 81 Jahren nicht aussprechen darf, wie ich die Welt sehe, dann ist auch was nicht in Ordnung.

Das ist ja etwas, was mir am damaligen DDR-System immer so unmenschlich vorkam, daß man nicht sagen durfte, was man dachte. Nur ich bin jetzt völlig hilflos, wenn Sie sagen, welche Rangordnung Sie dem Instinkt zumessen, weil ich umgekehrt gefragt hätte: Ist es denn nicht auch ein Einfluß oder ein Ausbruch von Instinkten, was wir zum Beispiel jetzt wieder an Rechtsradikalem, an Ausländerfeindlichkeit erleben? Das sind doch auch alles Ergebnisse von Instinkten von Ängsten.

Ja, die sehen die Instinkte an einer Stelle, wo ich sie nicht sehe. Dort nämlich, wo sie die Vernunft vermuten oder vermutet haben, wenn sie nicht mehr mit Vernunft rechnen.

Und wo sehen Sie die Instinkte?

Ich sehe sie als eine Kultur. Man kann auch eine instinktive Kultur betreiben. Ich habe Ihnen ja gesagt, daß ich viele Sachen aus dem Instinkt heraus geschrieben habe. Und ich bin gut gefahren damit. Ich sage Ihnen nur das, was ich erfahren habe, und den Standpunkt, auf dem ich jetzt stehe. Weiter kann ich dazu nichts sagen.

Probleme dieser Zeit

Herr Strittmatter, Sie haben immer versucht, und das mit Erfolg, materiell unabhängig von diesem Staat zu bleiben. Sie machen kein großes Aufheben davon, aber man weiß, daß Sie kein Geld für Ihre Tätigkeit im Verband genommen haben, man weiß, daß Sie nie auf Staatskosten, was Sie leicht hätten tun können, irgendwelche Kuren gemacht haben. Es war ja unter Schriftstellerkollegen geradezu verbreitet, daß man vom Staat finanziell auch gefördert wurde. Diese Unabhängigkeit kommt einerseits natürlich aus Ihren großen Auflagen, also aus dem wirtschaftlichen Erfolg Ihrer Bücher. Kommt sie andererseits vielleicht auch ein bißchen aus Ihrer Hobbytätigkeit als Pferdezüchter, die Sie seit über 30, fast 40 Jahren pflegen? Hat die Pferdezucht, die Sie hier in Dollgow auf dem Schulzenhof haben, je Geld einbracht?

Meine Frau streitet es ab. Aber ich kann es so sagen:
Die Hälfte dieses Hauses haben die Pferde eingebracht.

*Nun ist die Tatsache, daß Sie Pferde lieben, auch ein
Zeichen dafür, daß Sie die Natur überhaupt lieben.
Das merkt auch jeder Ihrer Leser, wenn er liest, wie
Sie über die Natur schreiben und wie wichtig die
Natur für Sie ist.*

Ja, das hat mir ja auch bei manchen Leuten den Ruf
eingebracht, ich wäre eigentlich der Hermann Löns[11]
hier.

*Haben Sie gemerkt, wie die Regierung der DDR aus
wirtschaftlichen Gründen mit der Natur umgegangen ist? Oder hat man das erst im nachhinein be-
merkt?*

Was meinen Sie jetzt direkt mit wirtschaftlichen
Gründen?

*Die Versauung der Böden, des Wassers und die Tatsa-
che, daß man ganze Landschaften abgeholzt beziehungsweise abgebaggert hat für die Braunkohle.
Man ist mit Natur so umgegangen, als ob wir jederzeit eine neue haben könnten. Haben Sie das gewußt
und dann sozusagen aus einer Art Kampf gegen die
Windmühlenflügel besonders schön über die Natur
geschrieben? Oder war es so, daß Sie, wenn Sie es
gewußt hätten, nie so schön über die Natur hätten
schreiben können?*

Das hat nichts miteinander zu tun, glaube ich. Außerdem ist es so, die Leute, die geglaubt haben, es wird nun anders werden mit der Braunkohle zum Beispiel und dem Verschwinden ganzer Dörfer, die sind ja arg enttäuscht worden. Das geht ja alles so weiter.

Wußte man, wenn man wie Sie in einer solchen landschaftlichen Idylle lebt, wie es in anderen Teilen der DDR aussah?

Ich wußte es, ja. Aber was konnte ich dagegen machen, als einzelner? Das ist genau dasselbe Problem, wenn einer mich fragt: Was würden Sie denn machen, wenn man hier ein Hotel ins Naturschutzgebiet bauen würde? Ich hätte meine Kräfte nicht dafür verschwendet. Könnte ich gar nicht, da käme ich ja nicht gegen an. Sie sehen ja, was selbst Proteste von Massen nutzen: gar nischt. Jetzt hat man doch vor Augen, wie die Kali-Kumpel, die sogar in den Hungerstreik getreten sind, gekämpft haben. Aber auch die anderen, jetzt geht es ja im Ruhrgebiet wieder los, mit diesen Massendemonstrationen. Wenn man nicht einmal damit was erreicht, was soll da ein einzelner erreichen?

Ich hätte einen Roman schreiben können, ja. Das hat auch einer getan, ein sorbischer Schriftsteller, über die Braunkohle und die Dörfer, die der Braunkohle wegen abgetragen worden sind. Aber genützt hat es überhaupt nischt. In dem Moment, wo es gelesen wird, ist man empört, ja, aber nachher? Ich weiß nicht, die Leute werden viel zu wenig einbezogen. Man fragt sie zu wenig.

Die Regierungen müßten sich doch sagen, je mehr Arbeitslose wir kriegen, desto größer wird die Anzahl der Verbrechen, der Kriminalität überhaupt. Und eines Tages ist es wieder soweit.

Das ist sicherlich richtig, nur: Ist es richtig, wenn dann eine Regierung wie die thüringische Landesregierung versucht, einen solchen Hungerstreik damit zu beenden, daß man zu den Arbeitern sagt, also wir garantieren euch auf Lebenszeit 700 Arbeitsplätze? Wenn das Schule macht, dann bleibt jegliche Wirtschaftlichkeit gleich auf der Strecke.

Ja, aber wenn es so weitergeht mit der Wirtschaftlichkeit, dann sieht es mir so aus, als kriegten die Marxisten recht. Ein Heer von Arbeitslosen, die man im Hintergrund hält. Und so ist es ja fast schon.

Diese Gefahr sehe ich aber unabhängig von marxistischem oder kapitalistischem System.

Na ja, jedenfalls hat sie, glaube ich, Marx zuerst entdeckt. Ich weiß es nicht genau.

Aber man sieht eben, daß das sich sozialistisch nennende Regime über viele Jahre versucht hat, die Arbeitslosigkeit, die es natürlich auch gab, zu verstecken.

Künstlich zu verstecken.

Was dann letztlich auch zum wirtschaftlichen Zusammenbruch geführt hat.

Ja, aber jetzt wird die Arbeitslosigkeit künstlich überbrückt, mit Geldern, die die Leute bekommen.

Und jetzt sind wir wieder bei der Vernunft angekommen. Denn wenn man bereit wäre, mit den Ansprüchen ein bißchen zurückzugehen, müßte es ja wahrscheinlich möglich sein, nicht immer nur in Effizienz- und Produktivitätskategorien zu denken, sondern auch mal mehr in menschlichen.

Man verlangt es aber auch von den Arbeitern. Und das kann ich nicht ganz verstehen und nicht gutheißen. Ich meine, vielfach sind die Arbeiter natürlich, besonders bei Ihnen, mit hohen Löhnen und hohen Tarifen verwöhnt worden, und die Gewerkschaft hat etwas für sie ausgerichtet. Aber nun ist es aus. Jetzt sind sie still, die Gewerkschafter, mischen sich schon gar nicht mehr ein. Sie möchten Ruhe und Frieden haben. So wird die Gewerkschaft null und nichtig. Und wie das ausgehen wird, weiß ich nicht.

Ein Problem, was sicherlich nicht nur Deutschland betrifft, sondern weltweit besteht.

Sicher, aber das sind immer diese Sachen, daß man auf andere zeigt, denen es noch schlechter geht oder die noch kränker sind.

Das wäre ein Mißverständnis. Ich wollte sagen, es wird irgendwann jedem so gehen, auch denen, denen es jetzt noch besser geht. Das meinte ich.

Gut.

Ich habe die Leute an der Nase rumgeführt

Zurück zur Literatur, die ja auch etwas mit Arbeitswelt zu tun hat. Das war ein geflügelter Begriff, den man gern gebraucht hat.

Bei Ihnen.

Aber auch in der DDR sollte die sozialistische Arbeitswelt von der Literatur beschrieben werden.

Ja, nur der Begriff Arbeitswelt, der war hier nicht bekannt.

Sehr bekannt war aber das Schlagwort vom sozialistischen Realismus für den künstlerischen Bereich. Haben Sie damit je etwas anfangen können? Was hat das für Sie bedeutet?

Da, muß ich ehrlich sagen, habe ich die Leute an der Nase rumgeführt. Ich habe einfach geschrieben, aus dem Instinkt heraus, und war dann gespannt, wie daraus mit der Zeit sozialistischer Realismus wird.

Als »Der Wundertäter I« rauskam, wußte man nicht, was man damit anfangen sollte. Es gab kein Schubfach für ihn, und man konnte ihn auch nicht in den sozialistischen Realismus und all diese Sachen einreihen. Bis dann einer darauf kam und geschrieben hat, das ist einfach ein Schelmenroman. Das ist natürlich lächerlich.

Nee, ich weiß wirklich nicht, der sozialistische Realismus in der Literatur, darauf kommt man immer wieder zurück, das sind die Bücher, die am stärksten Propaganda und Plakatvideen vermitteln sollen.

Das war der positive sozialistische Held.

Ja.

Nun haben Sie einmal gesagt, Ihnen läge daran, nicht die wirklichen Dinge zu beschreiben, sondern die Dinge so, wie sie wirklich sind. Das ist doch Realismus?

Darauf sind wir schon ein paarmal gestoßen. Ich meine damit immer: in die Tiefe gehen.

Also, ich will es noch mal erweitern. Ich könnte sagen, hier treiben sich jetzt noch Schwalben herum, die kommen nicht mehr mit. Das sind für mich Tödlinge. Aber solange es Mücken gibt, ernähren sie sich noch. Und dann sind sie tot. Eines Tages, als ich

so saß und hier rausguckte, merkte ich plötzlich, es ist ja sonst unter den Schwalben nicht üblich, auf Bäumen zu sitzen. Aber da saßen diese Tödlinge auf den Bäumen und haben die Blätter gerüttelt, damit noch irgendwelche Insekten locker wurden. Und das meine ich mit, in die Tiefe gehen. Ich hätte das auch beschreiben können. Die Schwalben sitzen eben auf Bäumen, was schon an und für sich verkehrt wäre, eine falsche Beobachtung. Sie sitzen höchstens auf Drähten, ganz selten mal auf Bäumen. Aber dann zu beobachten, warum das geschieht, daß sie auf Bäumen sitzen und weshalb sie dort an den Blättern rütteln, das meine ich mit: in die Tiefe gehen. Und da wird auch plötzlich der Vorgang wieder interessanter, als wenn man ihn nur oberflächlich beschreibt: Da saßen ein paar Schwalben in den Bäumen, ganz verwunderlich, ha, ha.

Wenn man Ihre politischen Romane liest, also die drei Bände »Der Laden« und die drei »Wundertäter«...

Warum nennen Sie die politisch?

Weil ich diese Bücher zum Beispiel im Vergleich zu der, wie ich finde, wahnsinnig schönen Tiergeschichte »Pony Pedro« schon für politischere Werke halte. Also, wenn man sich die beiden Trilogien anguckt, dann fällt auf, daß sie zeitlich immer spätestens am Ende der fünfziger Jahre aufhören, daß in Ihrem Romanwerk die sechziger, siebziger und acht-

ziger Jahre, also 30 Jahre DDR, eigentlich gar nicht vorkommen. Hat das einen Grund?

Nee, das hat keinen Grund. Es gab Erzählungen dazwischen, wo ich auch auf Tagesprobleme eingegangen bin. Aber ich sehe das anders, und ich muß wieder auf das Kosmische zurückkommen. Es kommt nicht darauf an, die Geschichte zu illustrieren. Das hatte ich mir nicht vorgenommen, obwohl mir jetzt nachgesagt wird, der Mensch hat ja die ganze Zeit Geschichte beschrieben. Aber darin sehe ich keinen Mangel, wenn das an der Stelle, wo Sie meinen, abbricht.

Also es wäre ein Mißverständnis zu sagen, das war eine Zeit der Entwicklung in der DDR, die mich entweder nicht mehr gereizt hat oder wo ich mich gescheut habe, sie darzustellen. Es war nicht die Flucht vor der Gegenwart, daß Sie darüber nicht geschrieben haben?

Na, also mehr Gegenwart als im »Wundertäter III« drin ist, gibt es ja kaum.

Ich meine es jetzt auf die Jahreszahlen bezogen.

Ja, aber danach gehe ich eben nicht. Besson[12] zum Beispiel, der hat das Buch jetzt gelesen und gesagt: »Mensch, da ist ja alles drin, was ich hier erlebt habe.« Er war damals noch hier.

Der DDR-Kulturapparat

Besson war ja genauso ein Teil dieses nach eigenen Gesetzen funktionierenden Kulturapparates. Wie kann man denn einem Außenstehenden, der das nicht am eigenen Leibe mitgemacht hat, erklären, was in diesem Land an Institutionen für die Kultur wichtig war? Welche Rolle hatte zum Beispiel die Kulturabteilung im Zentralkomitee der SED? Welche Bedeutung hatte ein Kulturminister? Welche Bedeutung hatte der stellvertretende Kulturminister, gleichzeitig Leiter der Hauptabteilung Verlage und Buchhandel, den man ja immer heimlich Literaturminister genannt hat? Wir wollen ruhig auch den Namen sagen: Klaus Höpke war der letzte. In Ihrem Tagebuch kommt er als »devil«, der Teufel Höpcke vor. Das muß ja ein wichtiger Mann gewesen sein?

Ja, das war er auch. Er saß an der Schaltstelle. Und er konnte sagen, das Buch wird gedruckt oder wird nicht gedruckt. Aber die Ratschläge dazu mußte er sich ja auch woanders holen. Nun, er war das ausführende Organ und hat es manchmal mit sehr, na, wie soll ich sagen, teuflischer Manier gemacht. Wie bei Loest zum Beispiel, als er das Buch erst hat drucken lassen, um es dann wieder einzuziehen. In einem anderen Fall, das Buch war schon an den Litfaßsäulen angekündigt, hat er kurzfristig die Veröffentlichung abgelehnt. Natürlich weiß ich heute, wer dahinter gestanden hat. Aber als ausführender Mann war er derjenige, der die Zensur verkörperte.

Die es ja angeblich nicht gab.

Nee, das werden Sie immer wieder hören, daß es die niemals gab.

Wie muß man sich so eine Zensur, eine fremdbestimmte Zensur, vorstellen? Ging das vom Verleger, vom Lektor aus? Kam dann das Ministerium dazu?

Es fing beim Lektor an. Beim »Ole Bienkopp« zum Beispiel hat mein Lektor, er ist immer noch mein Freund, gesagt – weil er gemerkt hat, das ist politisch, sehr schwierig und anrüchig –, das ist ja ein Buch, das kein Mensch »aufschließen« kann. Das war eine so primitive Argumentation. Dann kam der Verleger selbst und hat rumgeredet und gesagt: »Mensch, ob wir damit durchkommen?« So ging es weiter, und dann ist es wirklich eine Weile nicht durchgekommen. So hat sich das ausgewirkt. Aber es fing schon beim Lektor an.

Das ist jetzt nur an Ihrem Fall verdeutlicht. So lief es ja eigentlich bei jedem Buch eines DDR-Autoren.

Ja, wenn es nicht so plakativ war, daß man als Blinder schon sofort erkennen konnte, daß da nichts dran auszusetzen ist.

*Es gab ja eine Reihe von Büchern, wo sich unser-
einer nie Gedanken gemacht hätte, daß so etwas
staatsgefährdend sein könnte.*

Sie nicht, aber unsere Politiker, die vor allem Angst
hatten, daß ihre Position ins Wackeln gebracht werden könnte.

Held der Arbeit

*Kann man denn unter solchen Umständen von so
etwas wie künstlerischer Freiheit reden?*

Die mußte man sich nehmen oder erschleichen.

*Ja. Und man erschlich sie sich um so erfolgreicher,
wenn man, wie Sie, ein von seinen Lesern geliebter
Autor war: Denn Sie haben ja wirklich noch so
etwas Altertümliches wie eine Lesergemeinde. Die
verfolgen Sie ja zum Teil bis hierher nach Hause, ste-
hen unangemeldet in der Tür und sagen: »Schön,
daß wir Sie mal angucken und anfassen dürfen.«
Wie empfindet man das als Autor, abgesehen von der
Eitelkeit, daß es einen natürlich freut und man sagt:
Mensch, also offensichtlich gefällt den Leuten das ja.
Ist das belastend, hilft es einem etwas, empfangen
Sie da mehr als Selbstbestätigung?*

Na, wie Sie schon richtig sagen, die Eitelkeit spielt in jungen Jahren eine Rolle. Wenn man davon geträumt hat, einmal berühmt zu sein, was das auch immer bedeuten mag, die viele, viele Post, die man bekommt, und die vielen Leute, die sich anmelden. Und je älter man wird, desto weniger Lust hat man, zu reden, Stroh zu dreschen sozusagen.

Es ist ja merkwürdig, 1958 war ich unterwegs mit dem »Wundertäter I« und habe auch in Suhl gelesen. Da wollten mir die Küchenfrauen nichts zu essen geben, weil irgend etwas Abträgliches über Frauen drinstand. Und jetzt, mit dem »Laden III«, gab es bei einer Veranstaltung von sieben- oder achthundert Leuten in Suhl »standing ovations«. Das hat mich sehr nachdenklich gemacht. Ich habe nicht gewußt und weiß es heute noch nicht, klatschen sie dem Greis zu, der nun alt geworden ist und da auf der Bühne rumstapert, oder ist es wirklich der Inhalt des Buches? Das sind ganz entscheidende Fragen, und die treten einem immer näher, je älter man wird, ob da nicht irgendwie Alterssehrung und so weiter im Spiel ist. Man muß sich wieder darauf besinnen, zu sagen: Abwarten, abwarten, sehen, ob es Bestand hat oder nicht. Zunächst ist es also keine Befriedigung.

Um das Stichwort Ehrung aufzugreifen. Sie sind, nicht waren, ein hochgeehrter, auch von dem Staat DDR hochgeehrter Schriftsteller. Sie haben fünf Nationalpreise bekommen und einen Fontane-Preis des Bezirks Potsdam. Sie haben vor allen Dingen den wirklich hochangesehenen Lessingpreis der DDR bekommen. Und Sie sind Held der Arbeit geworden.

Ja.

Wie wird ein Schriftsteller Held der Arbeit? Ich glaube, Sie sind der einzige Schriftsteller, der es überhaupt war. Aber was soll dieses?

Das weiß ich nicht, aber der Titel »Held der Arbeit« hat mir eigentlich am besten gefallen von allen Auszeichnungen, die ich bekommen habe. Weil da wirklich was Wahres dran ist, denn ich habe ja wirklich gearbeitet und geschuftet.

Sie haben das also nicht als eine unangemessene Ehrung des Staates empfunden, sondern sich ehrlich darüber gefreut?

Ja, denn diesen Titel kriegten ja sonst nur Arbeiter und ganz Fleißige aus den Fabriken.

Also der einzige Intellektuelle als Held der Arbeit?

Das weiß ich nicht, ob ich der einzige bin. Ich kenne die Statistik nicht.

Jurek Becker, Wolf Biermann
und andere

*Es hat in der DDR immer wieder Versuche gegeben,
an dem gesellschaftlichen System etwas zu verändern. Manchmal ging es vorwärts, manchmal ging
es rückwärts. Es gab Parolen wie: dem Sozialismus
zu einem menschlichen Antlitz verhelfen. Es gab
Entwicklungen, weit mehr als in der DDR, etwa in
der Tschechoslowakei den Prager Frühling oder in
Polen die Entwicklung der Solidarność. Sie haben
sich, soweit ich weiß, von diesen Dingen selber zu-
rückgehalten. Aber nach Ihrer Beobachtung, welche
Rolle haben DDR-Intellektuelle bei dieser Entwicklung gespielt? Haben sie versucht, etwas zu bewirken, oder haben sie gesagt, ach, das geht uns eigentlich gar nichts an, da kriegen wir nur Schwierigkeiten?*

Das kann ich nicht genau sagen. Es gab ja Wider-
standsgruppen, jedenfalls sieht es heute so aus, am
Prenzlauer Berg zum Beispiel. Ich weiß aber nicht,
was die wirklich erreicht haben. Andererseits haben
sie geschmollt und nicht mehr mit den Leuten geredet, die den Nationalpreis gekriegt haben. Und ob
das so große Verdienste sind, den Staat umzukrem-
peln, ich weiß nicht. Jedenfalls hatte ich immer den
Verdacht, daß diese Bewegung, auch in der Tschechoslowakei, von den Linksintellektuellen getragen
wurde. Und das sind in meinen Augen keine zuver-

lässigen Kräfte. Man ist uns ja, jedenfalls bis vor zwei Jahren noch, böse gewesen, daß wir die DDR haben kaputtgehen lassen. Aber man hatte es ja ganz gern, wenn hier einer aufsässig war. Doch geholfen hat man von drüben, von Westdeutschland aus, nicht.

Sehen Sie, beim »Wundertäter III« habe ich zumindest gehofft, daß jemand von drüben einsteigt. Genauso wie bei Ihnen Leute beobachtet haben, daß ich nicht Verbandspräsident geworden bin, weil ich diese Kulturpolitik nicht vertreten wollte. Hier hat man das gar nicht gemerkt, daß es darum ging. Aber drüben hat man es gemerkt. Also wußte man es doch, hätte man ja helfen können.

Nun gab es ja schon Versuche einer gewissen Hilfe, zumindest bei denen, die sich so unbeliebt gemacht hatten, daß sie entweder gehen mußten, freiwillig gegangen sind oder freiwillig gegangen wurden. Diese drei Möglichkeiten bestanden. Gab es zu diesen ehemaligen Kollegen noch irgendwelche Verbindungen? Hat man sich mit denen innerlich solidarisiert, oder hat man gesagt: Gut, daß die weg sind? Hat man verfolgt, was die im Westen getan haben?

Ich habe nur mit einem Kollegen Kontakt gehalten, das war Erich Loest. Die anderen habe ich gar nicht gekannt.

Auch nicht Leute wie Jurek Becker[13]?

Jurek Becker habe ich nur vom Sehen gekannt. Wir haben vielleicht drei, vier Sätze miteinander gesprochen. Ich habe ihn immer hoch geschätzt, aber weiter ist es nicht gekommen.

Und Wolf Biermann[14]?

Wolf Biermann, das ist ein ganz besonderes Verhältnis. Aber darüber möchte ich nicht sprechen. Den kenne ich noch aus dem Brecht-Ensemble, als er als kleiner Junge hierherkam.

Ohne jetzt diesen Fall zu vertiefen, war er aber schon einer der großen Knackpunkte auch im Schriftstellerverband. Es gab ja einige Verbandsmitglieder, die gesagt haben, gegen diese Ausweisung protestieren wir, und andere wiederum nicht. Aber da merkte man, wofür plötzlich Kulturpolitik, Literaturpolitik auch mißbraucht werden konnte.

Diese Aktion, die da für ihn stattfand, das war so eine Nacht- und Nebelaktion. Ich wußte nichts davon.

Obwohl Sie zu diesem Zeitpunkt Vizepräsident waren?

Ja, was heißt Vize? Wir waren vier Vizepräsidenten, und ich saß hier draußen auf dem Lande und wußte nichts von der Ausweisung Biermanns. Dann wurde gesagt: »Wer dafür ist von den Schriftstellern, möchte unterschreiben.« Da rief mich nachts noch ein Kollege an: »Was machst du? Unterschreibst du?« Ich sagte: »Ich unterschreibe nicht.« Und er sagte: »Na,

dann werde ich auch nicht unterschreiben.« Am
nächsten Tag, als ich die Zeitung aufschlage, da steht
sein Name drunter. Ich habe ihn nachher gefragt:
»Na, du hast mir doch gesagt, du willst nicht unterschreiben?« – »Ja, aber mein Bezirkssekretär hat
mich in die Mangel genommen, da habe ich dann
doch unterschrieben.« Also, diese Rechtfertigungs-
erklärung habe ich nicht unterschrieben. Das
möchte ich bemerken.

Die andere Aktion, diese Protestaktion, die habe
ich nicht gekannt. Ich glaube sicher, ich hätte sie
unterschrieben, weil Biermann Jude ist, ja. Denn das
hätte ich niemals zugelassen, obwohl ich nicht so,
wie soll ich sagen, so sehr zufrieden bin mit Biermann. Aber dieser Punkt, der hätte mich gewaltig
gestört, daß schon wieder Juden ausgewiesen werden.

*Ist das denn aus den Augen eines Schriftstellers be-
trachtet, eine Umgangsform mit Schriftstellern, daß
man sie, nur weil sie etwas schreiben, was ein paar
Leuten unbequem ist, des Landes verweist? Ist das
überhaupt eine Umgangsform?*

Nee, das ist keine Umgangsform.

*Und da wurde aber nie, etwa von seiten der Akade-
mie der Künste oder des Schriftstellerverbandes, der
Versuch gemacht, mit der Partei darüber zu reden, ob
man sich eigentlich so vor der Welt blamieren müßte?*

Na, das hat man schon. Es gab ja wahrscheinlich auch Parteisitzungen in diesem Fall, aber es hat nichts ergeben. Die Partei hat immer recht.

Das heißt, daß ein gewaltiger Widerspruch bestand zwischen dem Anspruch, mit dem die DDR-Regierung die Funktion und die Wichtigkeit von Kultur, insbesondere der Literatur vertrat, und der Realität, wie ohnmächtig Literatur und Literaturschaffende waren.

Ja, sie hat mit Literatur und Kunst immer das gemeint, was ihr nutzt, was ihr entgegenkommt und was sie stützt. Das andere, das war dann eben Mißkultur. Ziemlich einfach.

Was mich dabei etwas erschreckt, ist die Tatsache, daß viele der Kunstschaffenden das jahrelang einfach so mitgemacht haben.

Ich weiß nicht, Sie sehen das vielleicht ein bißchen zu kraß. Ob die wirklich mitgemacht haben, das stelle ich noch dahin. Aber viele sind in einer solchen Lage gewesen, wenn sie hier nicht mehr hätten schreiben oder ihre Arbeit verkaufen können, wenn ich zum Beispiel an viele Maler denke, woanders hätten sie gar nicht leben können.

Das ist richtig, daß der Staat um den Preis der reinen nackten wirtschaftlichen Existenz vielen die künstlerische Meinung abgekauft hat.

Ja.

Das hängt sicher auch mit den Privilegien zusammen. Und es gab gerade unter den Schriftstellern einige, die natürlich bestens versorgt waren und nur von diesen Privilegien ein gutes Leben geführt haben, ohne Ansehen ihrer literarischen Qualität. Das sind alles Leute, die sich auf einem Qualitätsmarkt bestimmt nicht hätten halten können.

Das gebe ich ja zu. Dagegen kann ich nichts sagen. Ich kann aber nicht bestimmen, sie sollen anders sein oder sollen mehr Talent haben oder sonst etwas. Die hatten eben nicht mehr.

Lieb und wichtig

Herr Strittmatter, welches halten Sie für Ihr wichtigstes Buch, und welches ist Ihnen Ihr liebstes Buch?

Immer das, woran ich gerade schreibe. Das ist das Merkwürdige.

Ein Buch, das nie verstanden oder nur wenig verstanden wurde, ist »Der Wundertäter II« zum Beispiel. Der liegt mir am Herzen. Da wird viel über Hypnose und ähnliche Dinge geredet, weil dieses Thema mich immer interessiert hat, daß ein Mensch einen anderen sozusagen beherrschen kann, wenigstens vorübergehend. Verschiedene solcher Themen werden dort abgehandelt, die wahrscheinlich den meisten fremd und fern sind. Aber es ist nicht so, daß es mir unbedingt das liebste Buch ist, es ist nur verwunderlich, daß es so wenig verstanden wird.

Wenn wir mit allen Einschränkungen bei dieser Differenzierung »lieb und wichtig« bleiben dürfen, kann es sein, daß Ihnen möglicherweise »Der Wundertäter« schon deswegen so wichtig ist, weil er mit so vielen persönlichen Qualen verbunden war?

Nee, »Der Laden« ist mir näher gewesen. Das mit der »Wundertäterei« war ja auch alles schon früher.

Danach fragt man einen Schriftsteller nicht, das heißt, meistens kriegt man keine Antwort auf die Frage: Was schreiben Sie denn im Moment?

Nein, das kann ich Ihnen wirklich nicht sagen. Das weiß ich selbst noch nicht, weil ich aus Instinkt schreibe.

Wir sprachen ganz zu Anfang, im Zusammenhang mit Bertolt Brecht, über zwei Überseekoffer voller Manuskripte, die Sie damals schon geschrieben hatten. Ich meine mich an eine Ihrer Tagebucheintragungen zu erinnern, da sagen Sie, Sie hätten diese Überseekoffer nach vielen Jahren mal aufgemacht und sich gewundert, was Sie damals schon alles gewußt hätten.

Das ist richtig, weil ich durch die Begegnung mit dem Marxismus irgendwie – das sage ich jetzt – verdummt bin. Das war die Eingekeiltheit, in der man sich befand, daß man nur bestimmte Sachen sagen durfte und sich wie in der Kirche bestimmten Ritualen angepaßt hat. Und früher, als ich schrieb und nichts mit Ideologie zu tun hatte, da war ich wirklich schon – na, ich übertreibe jetzt mal – so schlau, wie ich heute bin.

Ebenfalls in Ihren Tagebuchnotizen bekommt man eine ungefähre Vorstellung davon, was für ein langwieriges, zum Teil mühsames Geschäft offensichtlich für Sie das Verfertigen von Literatur ist. Es ist nicht so, daß Sie sich hinsetzen und sagen, jetzt fällt mir etwas ein, und das schreibe ich hin. Das ist ja ein immer wieder neu Erarbeiten, ein immer wieder neu Umarbeiten. Und das nicht nur bei Büchern, wo Sie wußten, die könnten möglicherweise Schwierigkeiten machen, wie zum Beispiel beim »Wundertäter III«. Ist das Ihr Stil?

Da hat mich meine Frau erst drauf aufmerksam gemacht. Sie hat mich ja immer beobachtet. Und sie hat mal in einem Brief geschrieben, in einer Auseinandersetzung mit einem kaukasischen Professor, der glaubte, meine Naivität, die ich in den Büchern zur Schau stelle, sei echt, in Wirklichkeit sei es eine kolossale Arbeit, diese Naivität, die Einfachheit der Sätze, herzustellen. Daß man mit einem Satz zum Schluß soviel gesagt hat wie mit fünf Sätzen. Und das spüren merkwürdigerweise auch die Leser. Ich bekomme viele Leserbriefe, die darauf hinzielen und das bestätigen.

Frau und Freunde

Sie haben gerade Ihre Frau erwähnt. Auch sie, Eva Strittmatter[15], ist eine, zumindest in der ehemaligen DDR, ungeheuer beliebte, bekannte und berühmte Lyrikerin. Sie ist, wie man auch aus Ihrem Tagebuch weiß, ganz offensichtlich immer Ihre erste Leserin, damit also Ihre erste Kritikerin?

Ja.

Geht das denn gut, wenn sich zwei Schriftsteller gegenseitig kontrollieren? Ich weiß zwar nicht, ob Sie an ihren Gedichten auch soviel Anteil nehmen, aber Ihre Frau kontrolliert immer den Schriftstellerkollegen Erwin Strittmatter.

Ja. Die erste Zeit war ich nicht so empfindlich wie heute. Je älter man wird, desto empfindlicher wird man. Sie konnte mir damals, als ich noch auf der Schreibmaschine schrieb, über die Schulter gucken und konnte immer gleich sagen: »Na, da stimmt was nicht.« Sie hat ein feines Gespür. Ich glaube, so wie es ein absolutes Gehör gibt, so gibt es auch ein abso-

Eva und Erwin Strittmatter (1985)

lutes Gespür für die Qualität von Literatur. Und das, glaube ich, besitzt meine Frau.

Manchmal bin ich natürlich wütend, wenn sie mir an einer Stelle, wo ich glaube, es ist mir geglückt, sagt, es ist nicht gelungen. Aber jetzt habe ich mich so daran gewöhnt, daß sie recht hat, daß ich gar nicht lange nachzuforschen brauche, was da falsch ist. Ich setze mich nach zwei Stunden wieder hin, und siehe da, es klappt.

Und bei ihr, bei ihren Gedichten: Sie sagt sie manchmal so im Auto auf, sie schreibt sie zunächst gar nicht auf. Und wenn ich da was sage, zum Beispiel dieses Wort, das würde ich nicht verwenden oder so, das will sie gar nicht hören. Sie ist empfindlicher in bezug auf Kritik. Aber eines Tages sieht sie es doch ein, und dieses Wort, das ich gemeint habe, verschwindet. Das ist eine andere Art, auf Kritik zu reagieren.

Das heißt, bei allen Schwierigkeiten, die damit verbunden sind, natürlich auch aus persönlicher Empfindlichkeit, ist es doch ein produktives Zusammenarbeiten zweier Schriftsteller, die seit über 40 Jahren miteinander verheiratet sind?

Ja.

Zu Ihren Freunden, Herr Strittmatter, gehört nicht nur Lew Kopelew[16], sondern auch ein so begnadeter Musiker wie Peter Schreier.[17] Was haben Sie für ein Verhältnis zur Musik? Mögen Sie Musik, und wenn ja, was für Musik?

Also, mein Favorit ist Chopin. Ich höre aber auch viel Beethoven. Und natürlich Peter Schreier, dessen Gesang ich sehr verehre. Ich kenne viele Aufführungen, in denen er mitgewirkt hat, in Salzburg und so weiter. Wir sind befreundet, ganz merkwürdig befreundet. Er ist nämlich ein Mensch, der keine Bücher liest. Ich aber liebe seine Stimme, freue mich über seine Erfolge und darüber, daß wir immer in Kontakt sind.

Wenn Sie sagen, er liest keine Bücher, geht das soweit, daß er auch nichts von Ihnen gelesen hat?

Ich glaube nicht.

Darüber reden Sie jedenfalls nicht miteinander?

Nein, das muß man auch nicht. Wir verstehen uns so gut, daß man darüber nicht sprechen muß. Besson, der mit mir die »Holländerbraut« gemacht hat, der hat bis auf den »Wundertäter III«, nie ein Buch von mir gelesen. Aber wir sind immer dicke Freunde gewesen. Es gibt eben Leute, die nicht lesen, aber deswegen muß man sie ja nichts links liegenlassen, sondern im Gegenteil, man kann sich ja auf anderen Gebieten gut verstehen. Besson ist zum Beispiel ein Mann, der hat eine Ausstrahlung, die beflügelnd ist, und Gespräche mit ihm bringen mir immer etwas ein, innerlich.

In 38 Sprachen übersetzt

Sie sind einer der auflagenstärksten Autoren der ehemaligen DDR. Haben Sie eine ungefähre Vorstellung, in wieviel Millionen Auflage Ihre Bücher verbreitet sind? Ich weiß, sie wurden in 38 Sprachen übersetzt. Aber wissen Sie, in wieviel Millionen ungefähr...

Nein, das war nie festzustellen. Erstens hat sich mein Verlag darum nicht gekümmert, denn die Auflagen in der Sowjetunion allein sind so hoch, der »Bienkopp« zum Beispiel ist dort sofort in vier Millionen Auflage gedruckt worden. Aber es sind ja auch andere Bücher übersetzt worden. Der Verlag hat nicht mal verfolgt, in wieviel Sprachen ich übersetzt wurde. Wenn ich das nicht selbst gemacht hätte mit meinen Freunden zusammen, dann wüßten wir das heute gar nicht.

Sie müssen doch als Autor, genauso wie Ihr Verlag, ein Interesse daran gehabt haben, das genau zu wissen, aus dem einfachen Grund, weil das mit Lizenzgebühren verbunden ist. Sie und Ihr Verlag verdienen doch an jeder Übersetzung.

Aber mit den Ostländern war das anders. Da gab es ein Abkommen: Wir zahlten nichts, wenn wir Bücher aus Rußland druckten, und die zahlten nichts, wenn sie Bücher von uns druckten. Das ging bis weit in die siebziger Jahre hinein, da sind sie erst der Berner Konvention beigetreten. Und ab dem Zeitpunkt sollte gezahlt, sollten auch Verträge abgeschlossen werden. Aber vorher war das alles wild und unkontrollierbar.

Vielleicht ist das ja einer der Gründe dafür, daß Sie einmal etwas verbittert gesagt haben: Ich bin in 38 Sprachen übersetzt, nur nicht ins Westdeutsche.

Ja.

Denn da mußte natürlich bezahlt werden, weil die Bundesrepublik der Berner Konvention zum Urheberrecht beigetreten war.

Ja, das ist so. Brecht hatte mir damals gesagt: »Du darfst die Rechte nicht den Verlegern überlassen. Du mußt sie selbst behalten.« Und das habe ich auch bis heute so gehalten, bis auf die Rechte im Ausland, das war mir einfach zu viel Schreiberei und zu viel hin und her. Das machte der Verlag, aber sehr schlecht. Der hatte das gar nicht nötig, da so hinterherzurennen. Und dadurch bin ich völlig überfragt, wenn man jetzt wissen will, wie hoch meine Auflagen gewesen sind.

Das war immer ein Risiko

Die Zeiten haben sich verändert, die Grenze gibt es nicht mehr. Haben Sie eine Erklärung dafür, daß seit der deutschen Einheit eine so große Sprachlosigkeit herrscht, sowohl unter ehemaligen DDR-Schriftstellern, die in die Bundesrepublik kamen, aber vor allen Dingen unter denen, die hier geblieben sind. Sie könnten doch viel befreiter in ihrem geistigen Schaffen sein, als es je zu DDR-Zeiten möglich war?

Ich suche die Erklärung in mangelndem Talent. Wenn sie große Stoffe hätten, die sie so bewegen, daß sie schreiben müssen, unter allen Umständen, ob sie gedruckt werden oder nicht, dann könnten sie schreiben. Das war überhaupt immer meine Überzeugung, schreiben muß man, auch wenn es nicht gedruckt wird. Wenn es was taugt, kann es nicht untergehen.

Und man muß auch schreiben auf die Gefahr hin, daß man nicht, wie zu DDR-Zeiten, die Gewähr hat, Vater Staat würde einen schon trotzdem ernähren? Muß man dieses Risiko des Schreibenmüssens auch wirtschaftlich in Kauf nehmen?

Ja, das war immer ein Risiko. Der Künstlerberuf, wenn man das als Beruf bezeichnen soll, war immer ein Risiko. Aber bei uns hatte man sich natürlich daran gewöhnt, daß man aufgefangen wird. Und das ist jetzt nicht mehr so. Aber das bedauere ich nicht.

Wir sind im dritten Jahr der deutschen Einheit. Gerade vor ein paar Tagen ist eine Umfrage veröffentlicht worden im Hinblick auf den dritten Jahrestag, daß sich plötzlich die Westdeutschen zum großen Teil als die Verlierer dieser Einheit sehen. Früher hieß es, die Ostdeutschen sind die Verlierer. Wie sehen Sie die deutsche Entwicklung, wie sehen Sie die europäische Entwicklung in nächster Zeit?

Die deutsche Entwicklung ist eigentlich von der europäischen nicht mehr recht zu trennen. Und rein persönlich glaube ich, daß dieses große Europa etwas ist, das auch an eine Utopie grenzt. Denn wir erleben jetzt im Augenblick gerade das Gegenteil. Die Staaten fallen auseinander, und jeder versucht auf seine Weise, seine Nationalität zu betonen. Da steckt etwas in den Menschen, ein Urbedürfnis, so scheint es mir zu sein. Und ich weiß nicht, ob sich solche Riesenkomplexe wirklich steuern lassen. Deswegen bin ich nicht sehr zuversichtlich in dieser Richtung.

Um so wichtiger müßte es doch eigentlich sein, um die Worte von Willy Brandt aufzunehmen, daß jetzt in Deutschland zusammenwächst, was zusammengehört. Wie lange, glauben Sie, wird es dauern, bis sich das wirklich einmal erfüllt hat?

Also, so wie es jetzt aussieht, ich lebe ja nicht mehr lange, braucht das bestimmt 20 Jahre, wenn es überhaupt gelingt, hier eine solche Industrie und eine so

perfekte Zivilisation durchzusetzen und aufzubauen, wie sie im Westen vorhanden ist. Bis dahin, glaube ich, wird es hier noch viel, viel Unzufriedenheit geben. Und man weiß nicht, was alles noch kommen kann. Ich sehe sogar Maschinenstürmerei.

Trösten, Lebenszuversicht geben

Könnten Sie sich vorstellen, daß in diesem schwierigen Prozeß Kultur und Literatur beziehungsweise generell Kultur eine Rolle spielen könnte, und wenn ja, welche?

Ich glaube nicht, daß die Literatur überhaupt je eine Rolle in der Politik gespielt hat. Das haben sich die Politiker immer nur eingebildet.

Die Schriftsteller hätten es aber gern gehabt?

Ich weiß nicht, dieses Bestreben war eigentlich bei mir nicht vorhanden. Ich denke, das sind zwei Sachen, die nebeneinander gehen. Es wird immer Menschen geben, die kommen ohne Kultur, ohne Kunst aus. Und Hermann Hesse hat, glaube ich, gesagt, es werden immer genügend Leute da sein, die Bücher lesen. Deshalb gibt es Bücher, Laotse zum Beispiel, die immer und in jeder Generation wieder gedruckt werden.

Aber auch nichts bewirken?

Nein, nichts bewirken. Aber sie können doch einzelne Menschen trösten, ihnen Lebenszuversicht geben, wenn man will, sogar Lebensanweisungen. Doch von Anweisungen halte ich nichts mehr. Durch diese Zeit sind wir ja durchgegangen. Aber daß Bücher wirklich etwas bewirken, das glaube ich nicht.

Anhang

Anmerkungen zum Gespräch

1 Alfred Kantorowicz (1899–1979), deutscher Literaturhistoriker und Schriftsteller, lebte seit 1946 in Ost-Berlin, wo er ab 1949 als Professor für neuere deutsche Literatur tätig war.

2 GPU (Abkürzung für Gossudarstwennoje Polititscheskoje Uprawlenije, russ.: Staatliche politische Verwaltung), politische Staatspolizei der UdSSR mit weitreichenden Vollmachten, wurde ab 1934 dem Volkskommissariat für Inneres (NKWD) eingegliedert. Ihre Funktion wird heute vom KGB wahrgenommen.

3 Hermann Kant (*1926), deutscher Schriftsteller, war von 1978 bis 1990 Präsident des DDR-Schriftstellerverbandes.

4 Bitterfelder Weg, beschlossen auf der 1. Bitterfelder Konferenz (24. 4. 1959) unter der Losung »Greif zur Feder, Kumpel, die sozialistische deutsche Nationalliteratur braucht dich!« und modifiziert auf der 2. Bitterfelder Konferenz (24./25. 4. 1964) unter dem Motto »Sozialistisch arbeiten, sozialistisch lernen, sozialistisch leben!« Grundaufgabe des Bitterfelder Weges war die Entwicklung einer sozialistischen deutschen Nationalkultur, die Verbindung von Kunst und Leben, Künstler und Arbeiterklasse.

5 Iwan Wladimirowitsch Mitschurin (1855–1935), russischer Botaniker, erfolgreicher Züchter zahlreicher neuer Obstsorten, entwickelte neuartige Züchtungsmethoden vegetativer und generativer Art.

6 Jarowisation, künstliche Kältebehandlung von Samen und Keimlingen, um eine Entwicklungsbeschleunigung zu erzielen.

7 Erich Loest, 1929 in Mittweida/Sachsen geboren, Schriftsteller, von 1947 bis 1950 Volontär und Redakteur bei der »Leipziger Volkszeitung«, seit 1950 freischaffend tätig, wurde wegen seiner Kritik an der stalinistischen Politik der

SED und vorgeblich konterrevolutionärer Tätigkeit 1957 zu acht Jahren Zuchthaus verurteilt, verließ 1981 die DDR und kehrte 1990 nach Leipzig zurück. Erich Loest ist Vorsitzender des Verbandes deutscher Schriftsteller.

8 Pjotr Andrejewitsch Abrassimow (*1912), sowjetischer Diplomat, war von 1957 bis 1961 Botschafter in Warschau, seit 1961 Mitglied des ZK der KPdSU, von 1962 bis 1971 und 1975 bis 1983 Botschafter in der DDR, von 1971 bis 1973 in Frankreich und 1985/86 in Japan.

9 Kurt Hager, 1912 in Bietigheim geboren, Politiker, seit 1954 Mitglied des ZK der SED, seit 1963 Mitglied des Politbüros und ab 1977 ZK-Sekretär für Kultur und Wissenschaft, wurde nach der Wende 1989 aus der SED-PDS ausgeschlossen.

10 Stefan Heym, geboren 1913 in Chemnitz, Schriftsteller, emigrierte 1933 über die Tschechoslowakei in die USA, war nach 1945 Besatzungssoldat in Deutschland und in den ersten Nachkriegsjahren als Journalist in München tätig, Mitbegründer der »Neuen Zeitung«, 1952 Übersiedlung in die DDR, erste Buchveröffentlichungen. Heym schrieb sozialkritische Zeit- und Geschichtsromane, die ihm Schwierigkeiten bei der Veröffentlichung sowie scharfe Kritik seitens offizieller Stellen in der DDR einbrachten. Bücher wie »Der Tag X«, geschrieben unter dem Eindruck des 17. Juni 1953, durften in der DDR nicht erscheinen, erst 1974 wurde das Buch als Neubearbeitung, »5 Tage im Juni«, in Westdeutschland veröffentlicht.

11 Hermann Löns (1866–1914), deutscher »Heimatschriftsteller«, gilt als Dichter der Lüneburger Heide, deren Pflanzen- und Tierwelt er in Skizzen und Erzählungen beschrieb. Er schrieb ferner Romane aus der niedersächsischen Bauernwelt, außerdem gefühlvolle, auch sentimentale Lyrik. In seinen Werken finden sich Ansätze zu einer germanisch-deutschen »Blut-und-Boden«-Ideologie.

12 Benno Besson, 1922 in der Schweiz geboren, Regisseur und Theaterleiter, war von 1949 bis 1958 Assistent bei Bertolt Brecht im Berliner Ensemble, von 1969 bis 1974 künstleri-

scher Leiter und Intendant der Volksbühne in Ost-Berlin. Besson inszenierte 1960 am Deutschen Theater, Berlin, Strittmatters Stück »Die Holländerbraut«.

13 Jurek Becker, geboren 1937 in Lodz (Polen), Schriftsteller, hat einen Teil seiner Kindheit in den Konzentrationslagern Ravensbrück und Sachsenhausen verbracht, bis er 1945 mit seinen Eltern nach Berlin kam, studierte nach dem Abitur Philosophie und lebte seit 1960 als freier Schriftsteller in Ost-Berlin. Becker trat 1957 der SED bei, wurde 1976 aus der Partei ausgeschlossen, weil er zu den Schriftstellern gehörte, die gegen die Ausbürgerung von Wolf Biermann protestiert hatten. Aus Protest trat er 1977 aus dem Schriftstellerverband aus und ging in den Westteil der Stadt. Neben Romanen wie »Jakob der Lügner« und »Der Boxer« verfaßte Becker auch Fernsehspiele und Filme.

14 Wolf Biermann, 1936 in Hamburg geboren, Lyriker und Liedersänger, siedelte 1953 in die DDR über, war von 1957 bis 1959 Assistent beim Berliner Ensemble, wurde 1963 aus der SED ausgeschlossen und erhielt 1965 generelles Auftritts- und Publikationsverbot. 1976 wurde er während einer Konzertreise in die BRD ausgebürgert, lebt seitdem in Hamburg. Biermann erhielt 1991 den Georg-Büchner-Preis.

15 Eva Strittmatter, 1930 in Neuruppin geboren, Schriftstellerin, studierte von 1947 bis 1951 Germanistik und Romanistik in Berlin, war von 1951 bis 1953 Mitarbeiterin beim Deutschen Schriftstellerverband, dann freischaffend tätig. In den fünfziger Jahren war sie Redakteurin und Redaktionsmitglied der »Neuen Deutschen Literatur«. Sie veröffentlichte Kinderbücher wie »Brüderchen Vierbein« (1959), »Vom Kater der ein Mensch sein wollte« (1960) und seit 1966 vor allen Dingen Lyrik, so zum Beispiel »Ich mach ein Lied aus Stille« (1973), »Die eine Rose überwältigt alles« (1977), ebenfalls 1977 erschienen ihre »Briefe aus Schulzenhof«.

16 Lew Kopelew, geboren 1912 in Kiew, Kritiker, Literaturwissenschaftler, Prosaist, von 1933 bis 1935 Studium der Philosophie in Charkow, ab 1935 bis 1938 Germanistik in Moskau, 1941 Promotion über »Schillers Dramen«, 1968 Parteiaus-

schluß wegen Teilnahme an der Menschenrechtsbewegung und Protest gegen eine »Restalinisierung«, seitdem freier Schriftsteller und Literaturwissenschaftler. Kopelew erhielt 1977 Auftritts- und Publikationsverbot und wurde 1981 nach Deutschland ausgebürgert. 1981 wurde ihm der Friedenspreis des Deutschen Buchhandels verliehen.

17 Peter Schreier, 1936 in Gauernitz bei Meißen geboren, Sänger (lyrischer Tenor), war Mitglied des Dresdner Kreuzchors, wurde 1961 Mitglied der Dresdner und seit 1963 der Berliner Staatsoper, gastierte an vielen großen Opernhäusern der Welt.

Erwin Strittmatter:
Biographische Notizen

1912   Am 14. August in Spremberg/Niederlausitz als Sohn eines Fabrikarbeiters, späteren Bäckers und Kleinbauern geboren, besuchte bis zum 17. Lebensjahr das Realgymnasium und erlernte dann das Bäckerhandwerk, übte später verschiedene Tätigkeiten wie Tierwärter, Kellner, Chauffeur, Land- und Fabrikarbeiter aus, bildete sich nebenbei autodidaktisch weiter. Vor der nationalsozialistischen Machtergreifung trat er der Sozialistischen Arbeiterjugend bei, 1933 kurzer Gefängnisaufenthalt. 1942 wird er zur Wehrmacht eingezogen.

1945   Im Januar nach Böhmen »abgehauen«, ab Juni Landarbeiter und Bäcker in Thüringen. Im November Rückkehr in die Niederlausitz, Arbeit in der Bäckerei und Landwirtschaft seiner Eltern.

1947   Beitritt in die SED, Besuch einer Kreisparteischule, einige Zeit Amtsvorsteher und Standesbeamter für mehrere kleinere Gemeinden, nebenher »Volkskorrespondent«.

1950   erscheint der Roman »Ochsenkutscher«, an dem er seit 1945 geschrieben hatte.

1947–1951   Lokalredakteur der »Märkischen Volksstimme« in Senftenberg, seit 1951 freier Schriftsteller.

1952–1953   wurde sein Drama »Katzgraben« von Bertolt Brecht im Berliner Ensemble inszeniert.

1954   erscheint der Roman »Tinko«, in der DDR als Jugendbuch weitverbreitet. Er zieht in das märkische Dorf Dollgow auf das Vorwerk Schulzenhof, wo er unter anderem eine Pferdezucht betreibt.

1957	Veröffentlichung des ersten Bandes der autobiographischen Trilogie »Der Wundertäter« (Folgebände 1973 und 1980).
1959–1961	1. Sekretär des DDR-Schriftstellerverbandes und, bis 1978, dessen stellvertretender Vorsitzender, ab 1959 auch Mitglied der Ost-Berliner Akademie der Künste.
1963	Einer seiner größten Erfolge wird der Roman »Ole Bienkopp« (erster »Bauernroman« der DDR), der Partei und Leser in Aufregung versetzte; Parteifunktionäre und Kritiker sahen die Führungsrolle der SED durch »Ole Bienkopp« ernsthaft in Frage gestellt, der Tod des Helden am Ende des Romans wurde Gegenstand langer Debatten und Auseinandersetzungen.
ab 1966	In regelmäßigen Abständen Veröffentlichung von Sammelbänden mit sogenannten Kleingeschichten, wie »Schulzenhofer Kramkalender« (1966), »3/4 hundert Kleingeschichten« (1971) und Erzählungen, »Ein Dienstag im September« (1971), »Die blaue Nachtigall oder Der Anfang von etwas« (1972) u. a.
1983	Der erste Band der Trilogie »Der Laden« erscheint, der zweite Band wird 1987 veröffentlicht.
1992	Veröffentlichung des letzten Teils seines autobiographisch geprägten Hauptwerks »Der Laden«, das er zurückgezogen in Schulzenhof vollendet hat.
1994	Am 31. Januar stirbt Erwin Strittmatter im Alter von 81 Jahren.

Auszeichnungen u. a.

Nationalpreis der DDR (1953, 1955, 1964, 1976)
Lessingpreis (1966)
Fontane-Preis des Bezirks Potsdam (1966)
Karl-Marx-Orden (1974)

Erwin Strittmatter:
Lieferbare Bücher (Auswahl)

Büdner und Meisterfaun. Kiepenheuer & Witsch 1990

Die blaue Nachtigall oder Der Anfang von etwas. Aufbau-Verlag 1993

Der Laden. Romantrilogie. Aufbau-Verlag 1992/1994

Der Wundertäter. Romantrilogie. Aufbau-Verlag 1991

Die Lage in den Lüften. Aus Tagebüchern. Aufbau-Verlag 1990

Die Nachtigall-Geschichten. Aufbau-Verlag 1990

3/4 hundert Kleingeschichten. Aufbau-Verlag 1992/1994

Flikka. Eine Geschichte. Aufbau-Verlag 1992

Grüner Juni. Eine Nachtigall-Geschichte. Aufbau-Verlag 1994

Ole Bienkopp. Aufbau-Verlag 1993

Ponyweihnacht. Kinderbuchverlag Berlin 1990

Schulzenhofer Kramkalender. Aufbau-Verlag 1990

Sulamith Mingedö, der Doktor und die Laus. Drei Nachtigall-Geschichten. Aufbau-Verlag 1993

Tinko. Aufbau-Verlag 1994

Fotonachweis

Dieter Andree: S. 62
Gerhard Kiesling: S. 78, 111
Klaus Manzek: S. 7, 71
Günter Prust: S. 91, 98
Edith Rimkus-Beseler: S. 55, 104
U. Rödiger: S. 45
Strittmatter privat: S. 12, 15, 18, 24, 35, 40, 85

Über die Reihe
»Zeugen des Jahrhunderts«

Die Sendereihe »Zeugen des Jahrhunderts«, 1978 von Dieter Stolte und Karl Schnelting ins ZDF-Programm gebracht, stellt Persönlichkeiten vor, deren Lebensgeschichte zugleich Zeitgeschichte ist. Zeugen des Geschehenen: Frauen und Männer unterschiedlicher Herkunft, unterschiedlicher Berufe und unterschiedlicher Ansichten und Überzeugungen, denen eines gemeinsam ist: ihre Ausdrucksfähigkeit in der deutschen Sprache und die Kraft, reflektierte Erfahrungen und Erinnerungen mitzuteilen.

Mit den Gesprächsaufzeichnungen entstanden Bilder des Lebens – voller Tragik oft, aber auch voller Komik. Und immer voller Weisheit. Sehr persönlich erlebt und geschildert, sind die Gespräche doch zu Dokumenten geworden, die das 20. Jahrhundert mit seinen Errungenschaften, aber auch mit seinen Katastrophen, seinen Kriegen und seinen Verbrechen spiegeln.

Viele Zuschauer der Fernsehsendungen wünschen sich eine gedruckte Fassung der Gespräche, und zwar in Verbindung mit weiterführenden Informationen zu Leben und Werk der Zeugen. So entstand der Plan, über einzelne Zeugen eine Buchveröffentlichung herauszubringen, in der das aufgezeichnete Gespräch ein wesentlicher Teil des Buches ist, die Gesamtpublikation jedoch über den bloßen Abdruck des Gesprächsverlaufs hinausgeht. Herausgeber und Redaktion haben es übernommen, jeweils einen »Zeugen des Jahrhunderts« so vorzustellen, daß jüngere Leser Erläuterungen zu Leben, Werk und Umfeld vorfinden und älteren Lesern Erinnerung und Vergewisserung ermöglicht wird.

Die Gesprächsmitschnitte für den Druck zu überarbeiten, ließ sich vor allem von dem Grundsatz leiten, die charakteristischen Eigenarten des Gesprächs, seinen Stil und die Atmosphäre der Diktion zu erhalten. Lediglich die inhaltliche und sprachliche Redundanz des frei gesprochenen Wortes wurde gestrafft, um dem Leser ein zügiges und angenehmes Verfolgen der Erzählung möglich zu machen. Gleichwohl ist auch der gedruckten Fassung eines Gesprächs vor der Fernsehkamera anzumerken, daß es sich um mündliche Kommunikation handelte. Der Zeuge hat weder eine Monographie verfaßt, noch Memoiren geschrieben, sondern sich darauf eingelassen, sich des Mediums Fernsehen zu bedienen. Ein solches Gespräch steht gewissermaßen unter dem Zeichen des »Hier und jetzt im Fernsehen«. Das bedeutet unter anderem, daß Gedanken und Fragen dem ungeplanten Fluß des Gespräches folgen, manche systematisch oder geschichtlich »fällige« Frage nicht oder erst in einem anderen Zusammenhang gestellt wird, mancher Gedanke nur in dieser Situation so und nicht anders geäußert wird. In den Glücksmomenten solcher Gespräche findet der Zeuge aus dem Augenblick im Fernsehlicht eine Erinnerung, eine Perspektive oder eine Formulierung, eine neue Einsicht in die Zusammenhänge oder ein vergessenes Gefühl für sich selbst und die Zuschauer.

Daß für nicht wenige der Zeugen die freie Rede vor der Fernsehkamera ungewohnt war, wirkte sich im allgemeinen als Vorteil aus, da nicht die sonst oft übliche Medienroutine die Ursprünglichkeit der Rede verdarb.

Somit sind die Konzeption der Fernsehreihe und die Modalitäten der Aufzeichnung konstitutiv auch für die Buchreihe. Daß das gesamte Projekt »Zeugen des Jahrhunderts« für das Fernsehen der neunziger Jahre atypisch genannt werden muß – auch dies mag für das beständigere Medium Buch eher ein Vorteil sein.

Die Gespräche der Reihe sind keine schnellen Interviews mit vorformulierten Fragen und gestanzten Antworten, zum alsbaldigen Verbrauch bestimmt. Die Zeugen werden also nicht von einem »Talkmaster« vorgeführt und zur Schau gestellt; die egozentrische Selbstdarstellung des Interviewers ist ebenso störend wie die effekt- und beifallheischende Produktion von Bonmots und Kalauern.

Vielmehr lassen sich die Gesprächspartner aufeinander und auf die Möglichkeit eines zeitlich kaum beschränkten Gedankenaustausches ein. Das Ideal ist nicht das journalistisch konfronta-tive Interview, sondern der integrative, nachdenkliche und sym-pathetisch geführte Diskurs. Die wechselseitige Achtung, ja Sympathie, die geistige Wahlverwandtschaft der Gesprächs-partner ist erwünscht, weil erst ein Klima des Verstehens jene Gesprächskultur ermöglicht, die hier angestrebt wird.

Die Gespräche fanden nicht in einem Fernsehstudio statt, son-dern in einem Raum, der für die private oder berufliche Exi-stenz des Zeugen kennzeichnend ist.

Auf die Aussagekraft dieser Bilder vom »Ambiente« des Zeugen muß ein Buch ebenso verzichten wie auf die Aussagekraft des Gesichtes mit seiner Mimik und seiner Geschichte. Es wäre jedoch ein Mißverständnis, wollte man ein Gespräch im Fern-sehen als »bebilderten Hörfunk« auffassen. Die Sprache der Bil-der fügt dem gesprochenen Wort nicht nur etwas Entscheiden-des hinzu, es verändert auch die Art des Sprechens. Wer sich darauf verlassen kann, daß auch der Ausdruck des Gesichts und die Körpersprache wahrgenommen werden, formuliert anders, als wenn er sich nur auf seine Stimme und die Wörter stützen kann. Dies darf bei der Lektüre der vorgelegten Buchausgaben von »Zeugen des Jahrhunderts« nicht vergessen werden.

Die Fernsehaufzeichnungen, die von Maritta Fütterer betreut werden, umfassen jeweils mehr Material, als in die einzelne Fernsehsendung aufgenommen werden kann. Die zumeist auf 60 Minuten begrenzte Sendung folgt eigenen dramaturgischen Gesetzen. Die Buchausgabe stützt sich deshalb nicht auf die Sendung, sondern auf die Aufzeichnung, also auf das Gesamt-material des »elektronischen Archivs«, das im ZDF angelegt wurde und für eventuelle weitere Sendungen verfügbar bleibt.

Ingo Hermann

Marta Feuchtwanger: Leben mit Lion
Gespräch mit Reinhart Hoffmeister
in der Reihe »Zeugen des Jahrhunderts«
herausgegeben von Ingo Hermann, Redaktion: Jürgen Voigt
16,00 DM / 125 öS / 16,00 sFr

Marta Löffler lernte Lion Feuchtwanger 1910 in München kennen. Er war damals ein schlechtbezahlter Theaterkritiker. Als er 1958 starb, war er ein weltbekannter Schriftsteller. Marta hat ein erregendes, ja aufregendes Dasein an der Seite ihres hochkonzentrierten, eigenwilligen, empfindsamen, schwierigen und nicht immer ganz treuen Ehemannes gelebt. Mit trockenem Humor und nicht ohne Eitelkeit erzählt sie von ihrem Leben mit Lion: von zwei Weltkriegen, Revolutionen, Jahren der Armut und der großen Triumphe, von Verfolgungen und Emigrationsnot... von Freunden wie Heinrich und Thomas Mann, Max Reinhardt, Arnold Zweig, Charlie Chaplin, Bertolt Brecht...

Was diese faszinierende Frau, die 97 Jahre alt werden sollte, erzählt, nennt Marcel Reich-Ranicki »ein Kulturdokument hohen Ranges«.

»Selten erzählen Dichterwitwen und Literatengattinnen so freimütig und respektlos, so offen und heiter von ihrem ganz privaten Schicksal. Bewunderungswürdig, mit welchen Mut die höhere Tochter Marta immer wieder in die Hände spuckt und neu angefangen hat. Mit und ohne Geld, bewundert und angefeindet: Die ›schöne Frau, die so ägyptisch aussieht‹ (Thomas Mann) hatte etwas zu bedeuten.« (Verena Harksen in: Buch-Journal)

»Martas Storys vom Leben der literarischen Emigranten sind komisch und traurig zugleich. Ein amüsantes Buch voller Liebe, Klatsch und klugen Leuten.« (Brigitte)